红将 编著

电竞传奇

THE LEGEND OF ELECTRONIC SPORTS

山西出版传媒集团 山西教育出版社

图书在版编目（CIP）数据

电竞传奇 / 红将编著. — 太原 ：山西教育出版社，2021. 5

ISBN 978 - 7 - 5703 - 0309 - 0

Ⅰ. ①电… Ⅱ. ①红… Ⅲ. ①电子游戏—运动竞赛—介绍 Ⅳ. ①G898. 3

中国版本图书馆 CIP 数据核字（2021）第 010244 号

电竞传奇

DIANJING CHUANQI

责任编辑 马 宏 狄晓敏
复 审 韩德平
终 审 彭琼梅
装帧设计 宋 蓓
印装监制 蔡 洁

出版发行 山西出版传媒集团 · 山西教育出版社
（太原市水西门街馒头巷 7 号 电话：0351 - 4729801 邮编：030002）
印 装 山西海德印务有限公司
开 本 890 mm × 1240 mm 1/32
印 张 6. 5
字 数 185 千字
版 次 2021 年 5 月第 1 版 2021 年 5 月山西第 1 次印刷
印 数 1—5 000 册
书 号 ISBN 978 - 7 - 5703 - 0309 - 0
定 价 24. 00 元

目　录

01 什么是电竞

◇

提到电竞，大家的第一反应可能会是“玩什么游戏呢?”然后就开始兴高采烈地讨论起如何“王者”“吃鸡”，兴之所至干脆掏出手机“开黑”……

虽然《王者荣耀》《和平精英》都属于电竞游戏的范畴，不过绝大多数玩家都只是在玩游戏，与“电竞”相差十万八千里。

“电竞”是电子竞技（Electronic Sports）的简称，是一种以电子游戏为载体，利用电子设备作为“运动器械”进行的智力对抗运动。电子竞技考验的是参与者的思维能力、反应能力、协调能力、意志力以及团队精神，这一点和传统的体育竞技并没有什么不同。

提到“竞技”这个词，我们首先想到的是精彩的比赛、沸腾的赛场、大声的呼喊，运动员为了理想而奋斗，不断挑战着自我的极限。奥运会、亚运会、足球世界杯……都是运动员展示力量和技巧的竞技舞台。人类对于“更高、更快、更强”的不懈追求，正是竞技体育蓬勃发展的原动力。

随着时代的发展，竞技体育的形式也在发生着变化。从古希腊奥运会的赛跑、游泳、格斗、投掷标枪，到足球、篮球、排球等各种团队的配合，再到围棋、国际象棋等智慧的比拼，“竞技”这个词已经被赋予太多的内涵。随着时代的进步，人们总会发现新的竞技领域。

电子竞技正是“竞技”这个世界中最新拓展出来的疆域，这片刚被开拓的土地是如此稚嫩，还在承受着人们怀疑的眼光；它又是如此肥沃，孕育出了累累硕果。

电子竞技赛场

和其他竞技体育项目一样，电子竞技也是精英化的，追求的是对自我极限以及人类极限的不断挑战，所以在高端的电子竞技赛事上，我们可以看到选手们令人眼花缭乱的操作、匪夷所思的战术，并为之倾倒，为之痴狂，为之欢呼雀跃，就像是在观赏着高水准的足球、篮球联赛，或是在注视着奥运会那惊心动魄的赛场。

与此同时，电子竞技也是平民化的，这一点同样和竞技体育项目类似。我们可以在一天的忙碌之后叫上三五好友，拿起手机或者打开电脑，来上一局《王者荣耀》或是《英雄联盟》，就像是在篮球场或足球场上一同挥汗。不同的是，网络的存在让我们可以突破空间的限制，与身在远方的好友共享这份快乐，这是信息时代带来的好处。

电子竞技比赛

与围棋、象棋等智力游戏类似，电子游戏被设计出来的初衷并非竞技，而是为了消遣和娱乐。最初电子游戏的对手是程序，不过很快人们就发现，程序固定的行为模式有其局限性，与活生生的人斗智斗勇才是其乐无穷的事情，于是为了增加游戏的趣味性，开发者为电子游戏增加了对抗的功能，这就为电子竞技的诞生做好了准备。

早在街机时代，以《街头霸王》系列为代表的格斗游戏就具有了很强的对抗性，这也让它们成为街机厅里最受欢迎的一类游戏机，两位格斗高手之间的对抗往往会吸引大群的围观者，或欢呼雀跃或扼腕叹息。这时，有些头脑灵活的街机厅老板抓住这一商机，通过举行“比武大赛”吸引人气。为了夺冠获得荣耀和奖品，玩家们夜以继日地苦苦练习，投入的金钱自然进入了老板的腰包。

任天堂红白机的发售让电子游戏进入家用机时代，没有网络的支持，家用游戏机“孤岛化”的特点决定了此时的“对抗”一般只存在于同一台游戏机的两个手柄之间，所以虽然有“俄罗斯方块”之类适合比赛的游戏，但“竞技”并不是这一时期电子游戏的主流。但同样

红白机

是在这一时期，任天堂公司组织了名为“任天堂世界锦标赛”的世界性游戏竞技盛会，这一盛会被认为是现代电子竞技联赛的鼻祖。

随着电脑在家庭中的普及，电子游戏进入电脑时代，同时网络的兴起则为玩家之间的对抗提供了最佳的途径。

早在大多数人还在用56K调制解调器登录互联网的时候，已经有头脑灵活的商人在狭窄的小房间用几台电脑组成局域网，用来运行《命令与征服》《红色警戒》之类的即时战略游戏或是《毁灭战士》《雷神之锤》之类的射击游戏，让玩家们互相征战不休，乐此不疲，这应该就是早期网吧的雏形。

互联网的高速发展带来了无数的变革，电子游戏也随之网络化。网络游戏蓬勃发展的同时，竞技游戏也进入高速发展的阶段，以《星际争霸》《反恐精英》为代表的竞技游戏成为一时热潮，给青年人带来无限快乐。也就是在这时，电子竞技在韩国兴起，并迅速成为一种潮流，电子竞技第一次进入了大众的视野。“玩游戏可以赚钱”，当时这句话让无数少年为之疯狂，他们之中的有些人成为中国第一代电竞人。

经过多年的发展，电子竞技逐渐成熟，从一种社会现象逐渐演变为一种生活方式。志趣相投的人们走到一起，组成战队、俱乐部，进行紧张而严苛的训练，参加国家甚至世界级的竞技大赛，获得令人称羡的巨额奖金，收获粉丝们的欢呼和赞美，就像是那些竞技体育明星一样。

电子游戏的开发商和运营商看到了电子竞技的影响力和发展潜力，纷纷持续加大在这一领域的投入，组织旗下游戏的竞技比赛，作为宣传游戏的手段。这种行为一方面极大地促进了电子竞技的发展，另一方面让电竞项目变得更加多样。

随着智能手机的大规模普及，手机成为电子游戏的最常见载体，电子竞技也进入“手机时代”，出现了《王者荣耀》《和平精英》等竞技性很强的手机游戏，让手机游戏在各大电子竞技联赛中也拥有自己的一席之地。

在很多人的印象里会将“电子竞技”与“电子游戏”画上等号，然而两者之间有很大的不同。电子竞技以电子游戏为基础，却又和普通的游戏有着很大的差异。

普通的电子游戏为了增强玩家的代入感，需要考虑游戏背景、情节设置、故事节奏等一系列问题，让玩家跟随设计者的思路前进，而竞技类的电子游戏并不看重这些，而是强调人与人之间的对抗。

网络游戏同样强调人与人的互动和对抗，但不是所有的网络游戏都是竞技游戏，两者之间有很大的区别。

网络游戏种类繁多，其中最为人熟知的是大型多人在线游戏（Massive Multiplayer Online Role-Playing Game，简称 MMORPG），这个类型的游戏起源于单机的角色扮演游戏（Role-Playing Game，简称 RPG），强调角色的培养。开发者用程序建立了一个虚拟的世界，进入这个世界的玩家在这个世界的规则下活动，收获经验值提升等级，用强大、更强大的装备武装自己，体会成长的快乐。这类游戏对于玩家的个人技巧要求相对较低，更重视玩家在虚拟世界中为虚拟角色的提升所投入时间及金钱的多少。在这些虚拟世界中，强者和弱者之间的差距很难用技巧来弥补，即使是某个服务器的顶尖强者，换一个服务器、创建一个新人物之后也只能从零开始。

竞技游戏并不看重玩家在虚拟世界中所积累能力值和金钱的多少，每次游戏开始，所有玩家控制的角色在能力值、金钱等状态基本上都处在同一水平，这一点和竞技体育一致，竞技体育最基本也是最高的要求就是公平、公正、公开，电子竞技也是如此。

竞技游戏可以分为很多种类，但它们都有一个共同的特点——为玩家创建一个公平或基本公平的对抗环境，让玩家通过自己的技巧、智慧以及团队合作去争取胜利。和其他竞技运动一样，竞技游戏也可以重复进行，而且有统一且完善的规则，能够精确判定参与者的胜负。

在竞技游戏中，参与者无法为自己的虚拟角色积累实力，但可以通过持续、科学的训练提升自己的游戏水平，最后甚至获得超乎常人的能力，再通过与队友默契的配合战胜对手，从而收获胜利的果实。所以竞技游戏看重的是玩家本人的成长和积累，一个真正的高手即使更换电脑、更换服务器，甚至是更换游戏，仍然能够很快地发挥出自己应有的实力。

不过，竞技游戏和单机游戏、网络游戏之间的界限在很多时候并不清晰，它们之间有很多重叠的部分。

有些单机游戏中的某个部分具有很强的竞技性，进而发展成单独的竞技游戏，甚至开拓了新的竞技模式，如《半条命》中诞生的《反恐精英》,《魔兽争霸 3》里著名的 DOTA 地图等。

有些网络游戏的运营商会在游戏内开展活动，以比武大会、竞技场等形式，排除等级、装备、技能等级等带来的影响，为玩家提供相对公平的竞技环境，展示玩家的真实水平，这就有了一定的竞技性质，甚至有可能发展成一个令人瞩目的竞技联赛，比如《地下城与勇士》。

电子竞技和电子游戏之间的关系可以说是剪不断、理还乱。电子游戏、网络游戏经过多年的发展，已经形成了一个巨大而有活力的市场，拥有成熟的商业模式和丰富的上下游产业链，而电子竞技起步较晚，虽然已经有了很大的发展，但在比赛模式、商业模式等许多领域都还处在探索阶段，远远称不上成熟。庞大的电子游戏玩家群体对电子竞技的开展至关重要，而电子竞技游戏的发展对网络游戏的发展同样有着不可忽视的推动作用。

在很长一段时间里，许多人都认为玩电子游戏是一种“不务正业”的表现，家长将电子游戏视作洪水猛兽，称其为“精神鸦片”，而自电子游戏中诞生的电子竞技，也被视为玩物丧志。在电子竞技诞生之初，绝大多数投身电子竞技这一领域的选手，都很难得到来自家人、朋友的理解和支持，有些甚至被扣上“网瘾”的大帽子，送进戒网中心接受治疗。

随着时间的推移，当初玩着电子游戏长大的这一代人长大成人，成为社会的中坚力量，同时社会进入了高度信息化的新时代，对于电子游戏的认识已经有了很大的转变。玩电子游戏正在摆脱“玩物丧志”的标签，成为和看电影、电视，进行体育运动一样的普通休闲活动。与此同时，电子竞技也逐渐变成一种被大众广泛接受的竞技活动，有了自己的俱乐部、联赛，甚至走上了国际舞台。

2003 年 11 月，国家体育总局正式批准电子竞技成为第 99 个体育竞赛项目。2016 年 9 月，文化部在《关于推动文化娱乐行业转型升级的意见》中提出支持各级行业协会、生产企业、娱乐场所等合力打造区域性、全国性乃至国际性游戏游艺竞技赛事，以游戏游艺竞技赛事带动行业发展。教育部公布了 2016 年的 13 个增补专业，其中包括“电子竞技运动与管理”。2019 年 1 月，人社部发布的新职业信息中包括“电子竞技运营师”和“电子竞技员”，电子竞技运营师被定义为在电竞产业从事组织活动及内容运营的人员，其主要工作任务包括电竞活动的整体策划、品牌宣传、商业价值评估、资源协调、宣传内容发布等；电子竞技员被定义为从事不同类型电子竞技项目比赛、陪练、体验及活动表演的人员，其主要工作任务包括参加电竞比赛及表演、进行专业训练、参与电竞游戏的设计和策划等。2019 年 3 月，《体育产业统计分类（2019）》经国家统计局第 4 次常务会议通过，其中电子竞技被正式归为体育竞赛项目，编码为 020210210。

2018 年，在雅加达举行的第 18 届亚运会上，电子竞技被列为表演项目，中国代表团在《王者荣耀》国际版、《英雄联盟》《皇室战争》三个项目上夺得 2 金 1 银。玩游戏也可以在亚运会上为国争光，这个消息极大地鼓舞了每一个电竞选手。

电子竞技发展到今天，已经成为一种不可忽视的社会现象，然而只有短短几十年发展历史的电子竞技和其他体育竞技相比仍非常稚嫩，而且还受到包括外挂在内的许多负面因素的干扰，未来的路如何走下去，还需要每一个热爱电竞、关注电竞的人去认真思考。

02 从游戏开始

◇ ……………………

就像是田径离不开大地，游泳需要在水中进行，电子竞技植根于电子游戏，而电子游戏则是电子技术发展的一个“副产品”。

手里拿着智能手机，桌上摆着笔记本电脑，我们很难想象最初的计算机是什么样子的。

1946 年，美国宾夕法尼亚大学的两位年轻的工程师发明了人类历史上第一台现代电子计算机“埃尼阿克”（ENIAC），这是一个占地面积达 170 平方米、重达 30 吨的庞然大物，每秒可进行 5 000 次运算，这个运算速度在今天看来实在太慢，甚至连小孩子玩的玩具计算器也能轻松超越，但在当时却是能够称霸世界的人类智慧结晶。

在当时，埃尼阿克和它的后继者主要为战争服务，用于运算导弹弹道、爆炸当量之类的“硬核”数据，偶尔还会被财大气粗的政客财团租去预测竞选结果。虽然当时用打孔卡片编程的“程序员”还不知道什么叫作“电子游戏”，但是他们已经开始进行这方面的尝试了。

1951 年，英国国家物理实验室的科学家尝试用实验室的超级电脑编制西洋跳棋的游戏程序，不过由于程序太过复杂，超过了那台电脑可怜的内存容量，导致这一尝试以失败告终，直到后续升级了硬件之后才得以成功运行。由此可见，为了游戏升级电脑是传承已久的“优良传统”。

受限于早期电脑的硬件水平，特别是由于缺乏对于电子游戏来说最重要的设备——显示装置，早期的电子游戏大都十分简单，比如在示波器上运行的《双人网球》、用灯管显示“X”“O”图形表示对错的 Bertie the Brain。

第一款真正意义上的视频游戏名叫 Space Wars，由一群美国麻省理工学院的学生在 1962 年开发出来，不过这个游戏并没有广泛销售，原因是硬件的生产成本实在太高，最终只能作为实验室里用来娱乐的“小众游戏”。

即便如此，这个游戏的“玩家”还是用 Space Wars 进行了一场比赛，这应该算是历史上第一场“电竞比赛”。这场比赛制定了完善的赛制，把比赛分为五人大乱斗与团队比赛两种模式，比赛的组织者甚至拉到了赞助——冠军获得了一年的 *Rolling Stone* 杂志，这个赞助是由 *Rolling Stone* 杂志社提供的。

随着显示器等硬件的飞速发展，电脑的性能越来越强大，而编程语言的出现让软件的开发变得越来越容易，有越来越多的人开始尝试编制自己的游戏软件，在这些程序员的努力下，逐渐出现了现代意义上的电子游戏，并开始进入普通人的生活。

1971 年，第一台真正意义上的游戏机诞生，这台名为《电脑空间》的游戏街机让两个玩家可以控制各自的太空战舰互相攻击，已经具备了电子竞技的对抗性质，不过由于游戏难度过大，很快就被当时的玩家抛弃了。不过这台“游戏机祖宗”却催生了一个游戏史上重要的公司——雅达利。

1972 年，雅达利公司推出了名为 PONG 的街机游戏，取得了巨大的商业成功。随后雅达利公司推出了一系列街机游戏，并在 1976 年推出了自己的家用游戏机平台——雅达利 2600，成为当时最受欢迎的游戏平台，不过他们很快就遭遇了一个强劲的对手——任天堂公司。

任天堂公司始建于 1889 年，最初的产品是骨牌、花札和扑克牌，随后开始制造电子玩具，在街机出现后，任天堂进入街机行业，开发出了许多大受欢迎的街机游戏，积累了大量游戏软硬件开发经验。1983 年，任天堂在游戏界扔下了一个重磅炸弹——第一代家用游戏机 FC。

这台被中国玩家称为“红白机”的游戏机是第一个使用卡带承载游戏的游戏平台，拥有包括《魂斗罗》《超级马里奥兄弟》《俄罗斯方块》等许多优秀的游戏。可以说，红白机和它旗下的这些游戏在“80 后”的童年中占据了无法替代的重要位置，即使多年之后仍然能被那熟悉的画面和音乐感动。

为了宣传自己的 FC 游戏机，任天堂在 1990 年举办了一场在当时超乎想象的游戏比赛——任天堂世界锦标赛，来自美国 29 个城市的数百名玩家参加了这场比赛。这场比赛是第一个正式的大规模电子竞技比赛，可以说是当代电子竞技比赛的鼻祖，当时的任天堂在赛事设置、游戏选择等方面都花费了不少的心思，即使现在看来仍然有值得借鉴的地方。

任天堂世界锦标赛的出现可谓是一个传奇，其主要创意来自一部电影。1989 年，任天堂联合环球影业制作了一部名为 *The Wizard* 的电影，该电影并没有引进国内，在民间被翻译为《小鬼跷家》。电影的故事并不复杂，讲述的是兄弟二人离家出走，重新发现亲情的故事。片中的弟弟拥有极高的游戏天赋，而哥哥之所以带着弟弟横穿整个美国前往西海岸的加利福尼亚，就是因为有一场举世瞩目的游戏大赛即将在那里举行，这场比赛就是任天堂世界锦标赛。在电影结尾，弟弟在任天堂世界锦标赛上成功夺冠，兄弟二人与家人互相谅解，皆大欢喜。

《小鬼跷家》海报

在这部电影里，任天堂旗下的游戏可说是无处不在，甚至连两兄弟的旅费都是用游戏的方式与人对决赚来的。当时任天堂的游戏大作比如《超级马里奥兄弟》《俄罗斯方块》《魂斗罗》等都曾经在电影中出现。当时的媒体对这部电影评价不高，认为该片剧情俗套而且广告的味道太浓，甚至可以说整部影片都是一个“任天堂游戏广告”，但当时任天堂游戏高涨的热度让年轻人心甘情愿地掏钱走进电影院去看这个“广告”，票房随之大卖，环球影业赚了大把的钞票，任天堂的知名度更是如日中天。

The Wizard 电影的成功让任天堂十分满意，他们随后一拍脑袋做出了一个大胆的决定——把电影中的任天堂世界锦标赛搬到现实中来！于是在电影上映后的第二年，任天堂世界锦标赛在美国开幕。

1990 年任天堂世锦赛海报

任天堂世界锦标赛的报名没有限制，任何人都可以参加，不过为了选手们能够公平竞技，所有选手按照年龄分为三个组，分别是 11 岁及以下、12 到 17 岁、18 岁及以上。

世锦赛分为两个阶段。预选赛在美国的 29 个城市举行，每个城市的玩家经过激烈的角逐，最终在三个组里各产生一位冠军。除了决赛的入场券之外，成为城市冠军的玩家还获得了一座奖杯和 250 美元奖金。

由于在洛杉矶进行了两场预选赛，所以最后进入总决赛的玩家共有 90 名。进入决赛的玩家中，有 8 岁的小孩也有 30 多岁的大叔，最大的年龄差达到了 25 岁，还有一起上阵的“父子兵”。有一对夫妻为了共同进入决赛，不惜辗转 6 座城市参加预选赛，最终得偿所愿。

1990 年 9 月，任天堂世界锦标赛的决赛在美国佛罗里达州奥兰多的环球影城举行，整个赛程进行了 3 天。

在 *The Wizard* 电影中，任天堂世界锦标赛的决赛项目是当时还没有发售的《超级马里奥兄弟 3》，而现实中任天堂世界锦标赛的决赛中使用的是一款特殊的游戏卡。这款游戏卡从三个游戏中分别截取了一个片段，拼凑成了一个特殊的“游戏”，这三个游戏分别是《超级马里奥兄弟》、Red Racer 和《俄罗斯方块》，参赛者需要完成每个片段中的任务，才能进入下一个游戏片段。另外，这个比赛所用的游戏卡还有一个普通游戏卡没有的功能——限时，时限是6分21秒。

根据这张游戏卡的流程，参赛的玩家需要先在《超级马里奥兄弟》中吃掉50个金币，接着在Red Racer中的时限内跑出尽量远的距离，随后在《俄罗斯方块》中取得尽量高的分数，直到时间用尽，玩家的最终得分将综合三个游戏中的得分进行计算。

为了进行决赛，任天堂公司一共制作了90张比赛用的特殊游戏卡，这些游戏卡的外壳是灰色的，左上方安装有特殊的拨码开关箱断路器（DIP）用于控制游戏时间，并且带有唯一的编号。参赛者比赛结束后，他在各个项目中所用的时间、得到的分数以及最终的得分都会打印在游戏卡上作为记录，这些特殊的游戏卡就作为纪念品送给了参赛的玩家。除此之外，任天堂公司还制作了26张金色外壳的特殊游戏卡作为官方杂志抽奖的奖品。比赛结束之后，任天堂再也没有生产过这种卡带。

因为极其稀有，这116张特殊的游戏卡很快就成了许多收藏者追求的“圣杯”，且随着时间的推移，这些卡带变得更加稀有，屡屡卖出惊人的高价。根据网上的记录，2012年一张灰色游戏卡曾经的成交价为20 200美元，而金色游戏卡更是曾在2015年以惊人的100 088美元成交。

比赛卡带

为了满足玩家们怀旧的需求，曾经有公司制作并发售这些卡带的重置版。重置版的卡带外壳是蓝色透明的，游戏时限变成了 5 分钟，售价为 70 美元，这个价格并不便宜，不过仍有许多狂热爱好者愿意花钱购买，只为了体验一下当年选手们比赛时的紧张刺激。

感谢互联网，今天的我们可以很容易玩到这个传说中的游戏，只需要下载安装 FC 模拟器，并找到对应的游戏 ROM，就可以重温当时的竞技氛围。

决赛的竞争非常激烈，经过三天的残酷角逐，最终有三位冠军脱颖而出，他们分别是 11 岁及以下年龄组的 Jeff Hansen、12 到 17 岁年龄组的 Thor Aackerlund，以及 18 岁及以上年龄组的 Robert Whiteman。这三位冠军的奖品包括一笔 1 万美元的奖金、一辆汽车、一台 40 英寸的背投电视机以及一座马里奥造型的黄金奖杯，这在当时绝对是一笔丰厚的奖励。

俗话说“文无第一，武无第二”，自从这三位冠军决出之后，他们之中谁是最强者这个话题就始终为人们津津乐道。有传言说这三位冠军曾经在比赛结束后进行过一场私下的对决，结果是 12 到 17 岁组的冠军 Thor Aackerlund 取得了最终的胜利。可惜的是，这位“总冠军”并没有成为任天堂公司的成员，反而加入了与任天堂竞争的 Camerica 公司，成为该公司的形象代言人。

毫无疑问，1990 年的任天堂世界锦标赛取得了巨大的成功，这不仅是一次成功的推广活动——为任天堂公司带来了令人称羡的声誉和销售额，而且也是世界上第一次正式的电子竞技比赛，为后续举办电子竞技比赛提供了宝贵的经验。

当时的许多人都认为任天堂会在第二年继续举办这场游戏界的盛会，甚至以为该游戏盛会会像奥林匹克运动会一样成为世界规模的游戏竞技盛会，然而玩家们翘首以盼的第二届任天堂世界锦标赛却成了一个遥不可及的海市蜃楼。

任天堂世界锦标赛中断最主要的原因是当时的任天堂 FC 游戏机已经进入了寿命的末期，没有必要也没有可能再投入如此巨大的宣传费用，而后续的 SFC 游戏机在 1990 年发售后，无论是其在玩家群体中的影响力还是其游戏品质都无法与 FC 游戏机相比。

在1991年和1992年，任天堂公司举办了两届任天堂校园挑战赛，并在1994年举办了以SFC主机游戏为比赛项目的“PowerFest 94”挑战赛，不过这些比赛都只在小范围内进行，无论是规模还是影响力都与首届任天堂世界锦标赛相差甚远。

1994年，随着世嘉的“土星”游戏机和索尼的Play Station游戏机的发布，任天堂从此失去了游戏界的霸主地位，经营状况也逐渐陷入低迷，因此在此后的相当长一段时间里，任天堂都没有举办过类似的游戏竞技比赛，直到2015年在E3大展上，任天堂世界锦标赛才再次回归。相比于1990年的任天堂世界锦标赛，2015年这次锦标赛的参赛地区和人数都大幅减少，并且由于当时任天堂创新乏力，缺乏拥有足够吸引力的游戏产品，这次的比赛更像是一场“卖情怀”的苦情宣传，不过即使如此也被玩家们津津乐道。就像此次锦标赛的预选赛采用的FC游戏一样，玩家们与其说是欣赏电子竞技，倒更像是踏上一场充满20世纪80年代情怀的怀旧之旅，让玩家们和任天堂一起回忆那个挥洒青春的美好时代。

2015年任天堂世界锦标赛

虽然任天堂世界锦标赛是第一个正式的世界级游戏赛事，甚至可以说是开创了电子竞技赛事的先河，但是在任天堂看来，这个赛事更是一场快乐的游戏，是一个能够让所有玩家参与的盛大聚会。这场比赛让热爱游戏的人们聚集在一起，在紧张刺激的对战和惊心动魄的挑战中分享单纯的游戏乐趣，这正是电子游戏和电子竞技带给玩家们的最重要的快乐之处。

扫码获取
☆电竞事记
☆赛事回顾
☆选手故事

03 兴起于危机

◇ ……………………

到了20世纪90年代中后期，随着电子技术的飞速发展，原本是“高科技产品”的电脑以令人惊愕的速度进入了每一个办公室和家庭，随之而来的是令人眼花缭乱的游戏产品。与此同时，专用的游戏平台也在不停地更新换代，出现了以索尼Play Station和世嘉“土星”为代表的所谓“次时代游戏机”。电子游戏从此形成电脑游戏和游戏机游戏两大阵营，两者同根同源，却踏上了不同的发展道路。

由于技术水平和网络条件的限制，当时的家用游戏机大都无法实现联网这一功能，这使得游戏机游戏侧重自娱自乐，或是好友之间面对面的对抗竞争。

电脑游戏最初也是以单机娱乐为主，不过与呆板的程序对抗显然没有与真人较量刺激有趣，随着网络技术的发展，很快就出现了能够让玩家互相对抗的电脑游戏，比如《命令与征服》《红色警戒》《雷神之锤》等，最初都是在局域网范围内的联网对战，然后才逐渐演变成在国际互联网上征战。

不过当时并没有电子竞技的概念，电子游戏还只是一种休闲娱乐的方式，甚至会被贴上“不务正业”的标签，谁也不会将其和“竞技”联系在一起。

“电子竞技”这一概念最早出现在韩国，出现的契机是一场波及整个世界的金融风暴——亚洲金融危机。

1997 年夏天，以美国金融投机商索罗斯为代表的国际资本开始做空亚洲的主要市场，这场金融风暴从泰国开始，波及菲律宾、马来西亚、印度尼西亚等亚洲国家，这些国家的货币汇率和股市同时一泻千里，原本飞速发展的经济受到了致命的打击。

当时的韩国也在这次金融危机中受到了巨大的冲击，货币贬值和股市崩盘导致了大量企业破产，活下来的公司也纷纷裁员，导致短时间内许多人失去了工作，整天无所事事地四处游荡，引发了很多的社会问题。

在这种动荡的社会背景下，时间来到了 1998 年，一款名为《星际争霸》的游戏在韩国发售了。

《星际争霸》

《星际争霸》是一款以科幻为背景的即时战略游戏，由暴雪娱乐公司制作，背景设定在广袤的宇宙中，讲述了人族（Terran）、虫族（Zerg）、神族（Protoss）三个强大种族之间的战争故事，玩家可以选择其中一个种族加入战斗，通过采集获得资源，生产兵力、研究科技，摧毁对手的所有建筑来取得最终的胜利。

不过对于绝大多数玩家来说，游戏的背景是什么根本无所谓，能够在这片虚拟的战场上指挥大军战胜敌人才是最重要的。相比当时其他的即时战略游戏，《星际争霸》最成功的一点就是三大种族之间近乎完美的平衡性，每个种族都有多种极富个性的作战单位，每个作战单位都有自己的优势和缺点，再加上复杂多变的游戏地图，衍生出了多种多样的战略战术。《星际争霸》的入门操作并不复杂，甚至称得上十分简单，但是想要在复杂的战局中对自己的部队如臂使指，就需要精确入微的操作，而想要取得最终的胜利，宏观的战略和微观的操作都是必不可少的。

毫无疑问，《星际争霸》是一款优秀的游戏，也是当时最优秀的即时战略游戏，在韩国发售之后立刻就吸引了大量的玩家，许多失业在家无所事事的人都开始在这个虚拟的世界中征战，该游戏很快成为社会的热点。对于韩国政府来说，这可是能够稳定社会的大好事，当然要大力推动。

包括电视台在内的媒体敏锐地察觉到了这个流行的趋势。当时在金融危机的冲击下，电视台的资金也不充裕，无力制作需要大规模投资的电视节目，而制作《星际争霸》相关的对战视频几乎不需要成本，于是有电视台尝试着制作了一期《星际争霸》的相关节目，没想到受到了热烈的追捧。制作成本低廉，又能吸引到大量观众，还可以衍生出丰富的话题，对于电视台来说还有比这更好的买卖吗？于是多家电视台先后推出了相关的节目，当时的互联网远没有今天发达，电视媒体还拥有极大的影响力，很快《星际争霸》的相关节目在韩国成为热门。

与此同时，严重的金融危机也让韩国政府开始反思，他们认为当时韩国的国家经济产业结构存在严重的问题，过分依赖制造业和出口贸易，使得国内经济受世界经济环境变化的影响过大。在这一认识的基础上，韩国政府开始进行产业结构改造和升级，其中重要的一个举措就是投入大量资金扶持电影电视以及游戏动漫产业的发展。1999 年开始，韩国政府开始推动宽带加速计划，韩国成为当时世界上网速最快的国家之一，这为电子竞技的迅速发展准备好了硬件基础。

在政府的大力支持和电视台的推波助澜之下，《星际争霸》及其资料片《母巢之战》在韩国的热度空前高涨，俨然形成了一种社会现象，因此很快就成功地吸引了资本的关注。三星、现代、大韩航空等足以影响韩国政局的大型财团看到了电竞行业的商机，纷纷“慷慨解囊”对这一领域进行投资，使得韩国电子竞技产业获得了大量、持续的资金注入，拥有了高速发展必需的启动资金。资本的投入需要获得回报，不过虽然此时《星际争霸》受到了很大的关注，但只是通过卖游戏显然是赚不到多少钱的，想要赚大钱就需要打造一条覆盖上下游的产业链，从而带来巨额的广告收入和各类配套产业的收入，就像是 NBA 或足球联赛一样。为了打造这条产业链，首先要把这个游戏的比赛提升到“竞技”的高度，于是“电子竞技”这一新鲜事物的诞生就水到渠成。

1999 年，韩国职业电子竞技协会（KeSPA）成立，该协会是由韩国政府牵头成立，主要负责电子竞技游戏的管理、竞技赛事的举办、选手的培养和职业合同的管理以及电竞教育的宣传等工作，这家协会的存在充分保障了韩国俱乐部和选手的各自利益，减少了许多不必要的纠纷，促进了电子竞技产业的健康发展。职业电子竞技协会的成立意味着电子竞技成为韩国政府认可的一种竞技体育项目，是韩国电子竞技职业化开始的标志。

2000 年 7 月 24 日，韩国第一个专业游戏电视台 OnGameNet 成立。该电视台 24 小时不间断地播放电子游戏、电子竞技相关的节目，成为韩国电子竞技产业宣传推广的主要阵地。除了转播电子竞技赛事，OnGameNet 还主办或者承办赛事，为职业或半职业电竞选手提供了广阔的表演舞台。

通过各方的不懈努力，电子竞技最终被韩国社会各个阶层接受，成了一种积极、正面的文化现象。

为了更好地推进电子竞技职业化，韩国职业电子竞技协会开始进行电竞俱乐部的建设，为电子竞技选手的职业化提供了强有力的支持。

这些俱乐部的赞助商都是韩国的大型企业，比如三星、KT、CJ、SKT 等，对于这些大集团来说，运营电竞俱乐部已经不只是一笔投资，还是政府赋予的社会责任，所以十分舍得投入资金，这又进一步推动了电子竞技在韩国的高速发展。

在职业电子竞技协会的管理、监督和推动下，韩国建立起了一套完善的电子竞技人才选拔及管理机制，所有职业电竞选手都有自己的档案，并在官方网站上进行展示。韩国每年都会举办电子竞技选手的选秀大会，为职业俱乐部输送人才，选秀大会的规则与美国职业篮球联赛 NBA 的选秀规则类似，在前一年联赛中成绩较差的俱乐部可以获得优先选择权。这一系列的管理机制让韩国的电子竞技更加职业化、正规化。

韩国电竞颁奖典礼

在韩国，职业电竞选手是一个受人羡慕的职业，不仅是因为高额的收入和巨大的知名度，还得到了整个社会的认可。举个例子，服兵役是每个韩国男性公民无法避免的义务，而职业电竞选手可以享受“特殊贡献人才”的待遇，延期或者免除兵役。除此之外，韩国的大学也会对电竞选手提供包括奖学金在内的种种优待。

在这种机制下，韩国电子竞技培养出了一批又一批的优秀选手，比如“人族皇帝”林耀焕、“教主”李永浩、“大魔王”李相赫等，都是职业电竞选手中的佼佼者，这些“电竞明星”在韩国甚至整个世界都拥有极高的知名度，与真正的明星一样受万众瞩目，当然也得到了丰厚的收入。

2018 年雅加达亚运会韩国代表团出征仪式中选手 Faker 海报

与这份荣耀相对的是职业电竞选手的付出。对于普通玩家来说，玩游戏是一种放松行为，而对于职业电竞选手来说恰恰相反，玩游戏对于他们来说是一种枯燥的练习。韩国职业电竞选手的训练强度非常大，教练要求每个电竞选手每天至少进行 12 小时高强度的训练。网上曾经流传着一份韩国电竞选手的每日训练计划：14：00 至 17：00 训练；17：00 至 19：00 吃饭；19：00 至次日零时训练，零时之后选手可以自由活动，但是基本上每名选手都选择继续练习到凌晨 4 点，这才结束一天的训练。在这种高强度的训练下，许多电竞选手的身体都出现了各种问题，最终不得不选择退役。

经过几年的发展，电子竞技在韩国取得了极大的发展。在韩国政府和各大电竞俱乐部的推动下，电子竞技开始走出韩国，走向世界。

2000 年，在韩国政府的支持下，韩国国际电子营销公司在首尔举办了第一届世界电子竞技大赛（World Cyber Games，简称 WCG），有来自 37 个国家的 430 名选手参加了这次盛会。

WCG 的口号是“Beyond the game”，以推动电子竞技的全球发展为目标，旨在促进人们在网络时代的沟通、互动和交流，促进人类生活的和谐与愉快。主办方将 WCG 定位为全球性的电子竞技运动会，组织形式和运动精神都借鉴了奥林匹克运动会，让世界各地的选手通过此电子竞技比赛进行交流，互相竞争，挑战极限，就像真正的奥林匹克精神一样。

由于发展得比较早，韩国的电子竞技比起其他国家来说拥有很多优势，包括成熟的电竞俱乐部、优秀的电竞选手选拔及管理体系、广泛的群众基础等，这些优势结合在一起，将韩国打造成了一个领先于世界的电竞强国。

然而电子竞技和传统的竞技项目有很大的不同，受限于比赛所用的游戏，游戏版本的更替、游戏热度的盛衰都会对电子竞技产生巨大的影响。韩国的先发优势一旦处理不当就会变成名为“故步自封”的劣势，其中最明显的就是《星际争霸》这一比赛项目。

作为韩国电子竞技的“基石”，《星际争霸》及其资料片《母巢之战》可以说厥功至伟，甚至对于很多韩国人来说，电子竞技指的就是《星际争霸》的比赛，韩国电竞选手的训练都是围绕这个游戏进行。

然而一个电子游戏的寿命是有限的，经过十年的时间，《星际争霸》无论是画面还是玩法都已经远远落后于时代，可以说作为一个游戏已经走到了生命的尽头。于是在 2010 年，暴雪娱乐公司推出了《星际争霸 2》。

《星际争霸 2》延续了《星际争霸》的世界观和背景故事，拥有更好的画面和更简单的操作，并且对原有的兵种进行了重构和升级。对于普通玩家来说，能够玩到一个新游戏是一件十分开心的事情，但对于韩国的电子竞技产业来说，这是一场巨大的灾难，因为针对《星际争霸》所做的种种训练，在《星际争霸 2》中很多都不适用。除此之外，韩国职业电子竞技协会与暴雪娱乐公司之间还因为经营权产生了严重的分歧，双方争执的结果是韩国职业电子竞技协会宣布不承认任何与《星际争霸 2》相关的竞技比赛，直到几年之后才解除这一禁令，不过此时韩国的电竞选手已经错失了在《星际争霸 2》项目中争霸的优势，已被其他国家的选手赶上甚至是反超。

不可否认的是，韩国的电子竞技水平仍然是在世界上处于领先地位，先进的管理和训练模式让韩国的电竞选手能够以更快的速度接受新的竞技游戏，从而在国际电竞比赛中取得优异的成绩，这反过来又促进了韩国国内电子竞技产业的发展。

对于中国的电竞人来说，韩国的电子竞技产业在成长道路上的成功和失误都是值得借鉴和学习的。而对于中国的电竞选手来说，韩国的电竞选手是一座座挡在通往巅峰道路上的巨石，中国的电竞仍然任重而道远。

扫码获取
☆ 电竞事记
☆ 赛事回顾
☆ 选手故事

04 电竞在中国

◇ ……………………

对于中国的游戏玩家来说，最早接触到的电子游戏是摆放在台球厅里的各色街机，那个充满青春躁动的喧嚣空间已经成了许多“80后”最美好的童年回忆之一。因为种种原因，任天堂的“红白机”没有正式进入中国市场，不过多亏了一种名为“学习机”的神奇存在，让那时候的孩子们能够玩到各种优秀的游戏，那句“小霸王其乐无穷!”直到现在仍能引来许多“过来人”的会心一笑。

当时的家长对于电子游戏这种新鲜事物了解不多，玩游戏能够开发智力的说法得到了很多人的认可，所以当时的孩子玩游戏并没有遭到太多的反对，周末时常有三五个小伙伴聚在某个拥有游戏机的孩子家里，共同享受电子游戏带来的快乐。

同样是在1996年左右，中国电子竞技迎来了自己的启蒙时期。对于中国电子竞技这颗种子来说，最重要的“土壤”就是名为“网吧”的新鲜事物。

令人哭笑不得的是，最早的“网吧”根本不能“上网”，只是由几台电脑连接成的局域网，功能也非常简单，就是玩游戏，玩的大都是《命令与征服》《红色警戒》《雷神之锤》之类的对战游戏。在条件简陋的网吧里玩着这些游戏的玩家，算得上是中国电子竞技的第一批参与者。

到了1998年，此时的网吧逐渐发展壮大，如同雨后春笋一般冒了出来，成为游戏玩家热衷的聚集地。与韩国的情况类似，《星际争霸》的发布同样对中国玩家产生了很大的影响，不过由于当时的国内代理商奥美电子和暴雪娱乐公司之间的纠纷，以及当时盗版软件的横行，导致这款游戏在国内的正版销售受到了很大的影响。可以说，当时中国玩家接触到的《星际争霸》几乎都是盗版，网吧里的情况更是如此。网吧老板不可能自己掏钱购买正版游戏，玩家也不会把自己的正版游戏拿到网吧里进行安装，而当时几乎所有网吧的电脑里都有《星际争霸》这个游戏，而且各个版本十分齐全，甚至有专门的“登录器”作为辅助工具。当时在网吧盛行的另一款游戏《反恐精英》的情况与《星际争霸》情况类似，同样全部都是盗版。

正版游戏的缺失使《星际争霸》在国内的发展遇到了很多问题，其中之一就是游戏竞技环境缺乏统一的管理。盗版《星际争霸》无法登陆暴雪娱乐公司官方的战网平台，这就导致了绝大多数玩家只能在各自的网吧范围内进行竞赛，直到后来“浩方”“迪酷”等第三方对战平台的出现才解决了这一问题。即便如此，《星际争霸》仍是当时网吧里最受欢迎的游戏之一，放学后三五好友直奔网吧开机切磋“星际”是许多大、中、小学生的日常生活。

为了提升人气，当时的网吧常常举办包括《星际争霸》《反恐精英》等各种游戏的对抗比赛，这些比赛没有统一的规则，奖品也是五花八门，组织形式也各不相同。玩家们全凭着对游戏的热爱，呼朋唤友组成战队参赛，享受着比赛的过程，至于胜利与否反而不太重要了。现在看来，这些网吧里的比赛已经具备了电子竞技的雏形。

同一时期，网络游戏也在迅速发展，出现了《传奇》《奇迹》《石器时代》等一大批优秀的网络游戏，这些游戏很快就在网吧里占据了重要的地位，分流了大批的电竞游戏玩家。对于玩家来说，竞技与否并不重要，好玩才是硬道理。

早期的网吧

对电子竞技影响更大的是，人们逐渐发现了电子游戏对青少年的不良影响，学生因为玩游戏逃课甚至退学的例子屡见不鲜。玩游戏的孩子被认为是不务正业，还被贴上了“玩物丧志”“网瘾”之类的标签，家长视游戏如洪水猛兽，生怕自己的孩子沾染上一星半点，甚至不惜选择用激进的方式进行“治疗”。

2002 年 9 月，浩方对战平台上线，支持《星际争霸》《反恐精英》《魔兽争霸 3》等多种游戏的网络对战。虽然这个平台从诞生起就伴随着种种争议，但却让中国的玩家可以摆脱网吧的束缚，真正与全国的高手进行对战，让一大批电竞高手从中脱颖而出，对中国电子竞技的发展起到了极大的推动作用。

随着电子竞技在国际上的迅速发展，国内也逐渐开始接受这一新兴事物。2003 年 4 月 4 日，中央电视台体育频道开始播出名为《电子竞技世界》的节目，让电子竞技开始出现在主流的电视媒体上，许多人就是通过这个节目第一次接触到电子竞技这个新兴事物。2003 年 11 月 18 日，电子竞技被国家体育总局定为中国第 99 个体育竞赛项目，电子竞技终于得到了官方的认可。听到这个消息，中国的电竞玩家兴奋不已，认为中国电子竞技即将迎来春天。

也就是在这个时候，中国最早的一批电子竞技俱乐部和战队如同雨后春笋般建立起来，同时出现了规模较大的全国性比赛，电子竞技一片欣欣向荣的景象。

然而好景不长，过了不到一年，中国广播电视总局在2004年4月2日发布了《关于禁止播出电脑网络游戏类节目的通知》，禁止在电视上播出一切与电子游戏相关的节目，中央电视台体育频道的《电子竞技世界》也随之停播。这对于中国的电竞爱好者无异于当头一棒。

除了相关节目被电视台禁播，当时中国的电子竞技还暴露出许多问题，比如整体网络条件较差、没有正版电竞游戏、没有电竞选手培养选拔机制等，这些都无法在短时间内解决。

即使在这重重阻力之下，中国的电子竞技仍在艰难前行。

转机出现在2005年，在这一年的世界电子竞技大赛上，李晓峰（Sky）获得了《魔兽争霸3》项目的冠军，这是一个让中国所有的电竞玩家振奋的消息，也让更多的人了解了电子竞技这一新兴事物。玩游戏能成为世界冠军，能够为国争光，这颠覆了很多人的认知，让社会开始重新认识电子游戏和电子竞技。

李晓峰夺冠

与此同时，网络设施的升级特别是ADSL技术的普及，让中国的网速得到了极大的提升，这使得在线观看视频成为可能，网络视频逐渐成为大众所接受的娱乐方式，并且开始挑战电视媒体的地位。由于电子竞技具有很强的观赏性，而且其主要受众与网络视频用户有很大的重叠，所以电子竞技的赛事直播随之兴起。为了增加电子竞技比赛的观赏性，直播网站还像其他体育赛事直播一样邀请解说员对比赛进行实时解说，让观众更容易了解电子竞技的魅力。

随着电子竞技产业的升温，越来越多的人投身其中，全国各地的电子竞技俱乐部和战队如同雨后春笋般建立起来，甚至大一点的网吧都会建立自己的电子竞技战队。许多热爱游戏的年轻人顶着父母的压力成为职业电竞选手，希望能够像Sky一样站在世界之巅。

然而现实是非常残酷的，和传统的体育竞技项目一样，能够在电子竞技中脱颖而出，享受鲜花和掌声的只是少数最优秀的选手，其他大多数人都是默默无名的小人物，没有关注，没有赞美，更没有丰厚的收入，其中有些甚至连温饱都难以保证。

电竞俱乐部和战队的经营情况也不乐观，对于稍有规模的电竞俱乐部来说，电竞运动员的工资、电竞装备的购买费用、场地的租赁费用都不是小数目，而盈利能力却非常有限，只有在比赛中取得好名次才能拿到算不上丰厚的奖金，因此俱乐部和战队的日常运营资金都是靠赞助商提供。

然而赞助商并不是慈善家，投资是为了获取回报，当发现电竞俱乐部是一个烧钱的无底洞，而且看不到获得足够回报的希望，撤资也就成了必然的结果。失去了赞助商资金支持，电竞俱乐部的经营难以为继，队员的工资、奖金无法兑现，最终只能关门大吉，而失去了俱乐部支持的电竞选手，除了那些业内知名的超级明星，大都只能选择黯然转行。

中国电子竞技真正开始腾飞得益于《英雄联盟》这款游戏，以及在中国代理这款游戏的腾讯公司。

《英雄联盟》的游戏模式脱胎于《魔兽争霸3》的DOTA模式，战局中的玩家分成两支队伍，控制自己的英雄互相攻击，以摧毁敌方的水晶枢纽为目标。相比DOTA，《英雄联盟》的操作方式更容易上手，画面也更加精美，再加上腾讯依托 QQ 平台展开的大力宣传，很快就吸引了大批忠实的玩家，成为国内最受欢迎的网络游戏之一，为推进电子竞技的发展打下了坚实的基础。值得一提的是，《英雄联盟》的玩家中女性占了相当的比例，作为一款以竞技为主的网络游戏，能够在女玩家中有如此高的接受度实属不易。

《英雄联盟》的核心玩法就是竞技，在其内部设置了称为排位赛的竞技体系，玩家通过取得胜利来提升自己的排名。在腾讯公司的运营下，《英雄联盟》作为电子竞技游戏被国内的玩家广泛接受，依托这个游戏形成了一条包括电竞玩家、比赛解说、视频制作、广告投放在内的完整电竞产业链。《英雄联盟》广泛的受众群体保证了比赛的关注度，这就为广告赞助商提供了足够的曝光度，从而吸引赞助商加大投入，达成了一个正向的循环。

《英雄联盟》获得成功之后，中国的电子竞技进入了高速发展的时期，涌现出了一大批优秀的职业电竞选手。随着游戏直播平台的兴盛，退役或者现役的职业电竞选手都会作为游戏主播进行直播。观众通过观看这些高水平的电子竞技比赛来选择自己喜欢的游戏，同时为自己的偶像呐喊加油。

随着智能手机的普及，以《王者荣耀》《和平精英》等为代表的手机游戏迅速发展，已经成为电子竞技产业中重要的组成部分。

在借鉴了韩国的成功经验之后，国内电竞俱乐部的建设也日趋成熟，新兴的电竞俱乐部大都拥有包括运营、选手、教练、分析团队、候补等完整的组织结构。近些年国内很多高校都设置了电竞专业，为电竞产业输送专业的高素质人才。

随着中国电竞产业的发展，中国选手越来越多地出现在国际电子竞技的赛场上，在取得优异成绩的同时推动了中国电子竞技的发展。

在 2018 年的雅加达亚运会上，中国电竞军团在《英雄联盟》和《王者荣耀》国际版两项比赛中获得冠军，并在《皇室战争》中获得银牌，为中国电竞队的首次亚运会之旅交出了一份优秀的成绩单，也让电子竞技再次以“国家荣誉”的形式进入了大众的视野。

2018 年雅加达亚运会电竞表演赛中国队夺冠

与这份荣耀相匹配的是其背后的经济运转。经过多年的发展，中国的电子竞技已经成了一个拥有完整产业链的庞大产业。电竞选手、游戏厂商、电竞俱乐部、直播平台、电竞装备制造商、普通玩家……都是这个产业链中的一环。包括腾讯、网易在内的许多大公司都开始加快在电竞产业的布局，在包括产品研发、竞技场馆、战队发展、人才建设、产业基地建设等多方面进行投资。

2018 年中国电子竞技市场规模达到了 940. 5 亿元，预计 2020 年将会超过 1 350 亿元，参与者将达到 3. 5 亿人。

2019 年 7 月，停办 6 年的世界电子竞技大赛（WCG）在中国西安再次拉开帷幕，中国队最终以四金三银三铜总计十枚奖牌的成绩位列奖牌榜首位，成为本次大赛最大的赢家。

2019年7月在西安举办的世界电子竞技大赛

从不被认可到站在世界之巅，中国电子竞技在逆境中顽强成长，最终成为一股引领潮流的强大力量，这本身就是对“竞技精神”最好的诠释。

05 世界的电竞

作为一个新兴的竞技项目，电子竞技在世界范围内的发展很不平衡，具有鲜明的地域性。韩国是传统的电子竞技强国，中国后来居上成为这一领域的佼佼者，世界其他国家的电子竞技水平又是怎样的呢？

作为一个电子游戏强国，日本的电子竞技水平却很差劲，在国际大赛上几乎看不到日本电竞战队的身影，即使偶尔出现也被中国、韩国电竞战队视为好对付的鱼腩。日本电竞队伍之所以弱，跟电子竞技在日本的发展落后有关系。

从“红白机”发售之后，在相当长的一段时间里日本都是世界游戏产业的绝对领导者，任天堂、世嘉、索尼都是游戏世界的一时霸主，其他国家的游戏公司只有羡慕嫉妒的份儿。

为了宣传自己的游戏产品，日本游戏公司举办了许多游戏比赛，可以看作是电子竞技的雏形，其中最著名的就是任天堂公司在1990年举办的“任天堂世界锦标赛”，这是世界上第一场大规模的电子游戏盛会。

在这些比赛中出现了许多优秀的玩家，他们在日本国内被尊称为“名人”，其中有的甚至凭借自己高超的游戏技术得到了游戏公司的认可，拥有了以自己名字命名的游戏，比如《高桥名人的冒险岛》就是为了纪念一个名为“高桥利幸”的超级玩家而设的，他的绝技是在 1 秒之内按键 16 次，这一纪录直到今天仍然没有人能够打破。通过展示高超的游戏技巧，原本生活在社会底层的高桥利幸拥有了大量的支持者，收获了令人称羡的金钱和荣誉，走上了人生的巅峰，成为日本玩家无人不知的传奇人物。可以说，这些“名人”和今天的电竞选手在很多方面都非常相似，“突破人类极限、攀登竞技巅峰”的精神在他们身上同样可以看到。

进入网络时代后，日本的游戏产业虽然仍然强大，却已经被其他国家逐渐追赶上来。此时的日本玩家最喜欢的仍然是日本游戏厂商推出的游戏机游戏，对电脑游戏的接受度并不高。对于日本玩家来说，家里已经有专门用来打游戏的游戏机了，为什么还要买一台用来打游戏的电脑？而对于开发游戏的厂商来说，玩家都聚集在游戏机平台上，根本没有必要为电脑平台开发游戏。在这种氛围下，日本国内的电脑游戏逐渐式微，《星际争霸》根本无法在日本市场生存。

不过此时的日本玩家并非没有电子竞技，他们选择了游戏机上最有观赏性的格斗游戏作为比赛项目。

日本格斗游戏玩家

2002 年，名为“斗剧”的电竞比赛在日本拉开帷幕，主办方是著名的游戏杂志 *ARCADIA*，比赛项目包括《街头霸王》《拳皇》《剑魂》《罪恶装备》等知名的街机格斗游戏。除了日本玩家参赛之外，“斗剧”还为海外玩家提供参赛名额，这使其聚集了世界上最顶尖的格斗游戏玩家，成为一场名副其实的“世界比武大会”。

“斗剧”为玩家们贡献了无数场精彩绝伦的格斗比赛，许多高水平的格斗游戏玩家脱颖而出，其中最负盛名的便是在 2D 对战型格斗游戏领域被誉为“神”的天才电竞选手梅原大吾。

从 2004 年开始，中国的格斗游戏玩家的身影开始出现在“斗剧”的赛场。2007 年中国的电竞选手“小孩”曾卓君在《格斗之王》项目上夺得了冠军，实现了中国选手在格斗游戏领域的“零突破”。

“斗剧”掀起了电子竞技热潮，日本国内随后出现了许多电子竞技比赛，比赛项目无一例外都是以格斗游戏为主，发展势头一片大好。如果照这样发展下去，日本的电子竞技将会在世界电竞领域占据相当重要的位置，让游戏机游戏和电脑游戏在电竞领域分庭抗礼。

然而现实并没有这么美好。

随着游戏机性能的提升，开发一款游戏所需的资金成倍增加，开发高质量的游戏成为一项风险很高的行为，很有可能会赔得血本无归，而手机游戏的兴盛更是严重地挤占了游戏机游戏的生存空间，几乎所有的日本游戏厂商都面临着巨大的经营压力。在这种情况下，日本国内已经没有游戏厂商会投入大笔的资金推动电子竞技的发展。

除此之外，日本的游戏文化让玩家更喜欢独自一人享受游戏，或者和身边的人进行互动，而不是进行激烈的竞技比赛，这也在很大程度上影响了电子竞技游戏的参与人数，限制了电子竞技在日本的发展。

2013 年，“斗剧”落下帷幕，成为一曲充满悲情的绝唱。后来日本国内举办的电竞比赛在规模和影响力上都一落千丈，再也无法和世界主流电竞比赛相比。

随着世界电竞的迅速发展，日本政府开始意识到他们在这方面已经掉队了。2018 年年初，日本政府牵头成立了日本电子竞技联盟（JESU），管理和推动日本国内的电子竞技产业发展，包括发放电竞职业选手执照、举办电子竞技大会、向国际电竞大赛派遣日本官方代表团等。

日本成立电子竞技联盟

毫无疑问，日本仍拥有世界领先的电子游戏产业，电子游戏在国民中的影响力非常高，对于电子竞技的发展来说，这些既是优势又是负担。日本的电子竞技能不能奋起直追，让我们拭目以待。

与日本相比，同样作为最成熟的电子游戏市场之一的欧美国家，电子竞技产业发展却十分迅速。

美国的电子游戏产业十分发达，第一台家用电子游戏机就是由美国的雅达利公司制造的。随着电脑的迅速普及，美国出现了一大批优秀的游戏制作公司，其中就包括制作《星际争霸》《魔兽争霸》《守望先锋》的暴雪娱乐公司以及制作《英雄联盟》的拳头公司。

依托这些优秀的电子游戏和游戏开发公司，美国的电子竞技产业迅速发展，形成了一套包括联赛组织、赛事直播、广告投放等在内的完整的产业链条。

学校在美国电子竞技的发展中扮演了十分重要的角色。美国的许多大学都设立了电子竞技相关专业，加州大学欧文分校定期举办美国大学生电子竞技联赛，甚至还设立了与《英雄联盟》相关的奖学金。除了大学之外，很多高中也开始关注电子竞技这一新兴事物。俄克拉何马州的 10 所高中建立了电竞联盟，让这些高中生能够在学校里玩游戏，并组成电竞战队参加比赛。

欧美国家电竞选手

随着电子竞技影响力的不断提升，甚至连美国陆军都组建了自己的电竞队伍，并且开始组织内部的电子竞技比赛，将来还计划组织“陆军电竞团”走出军营参加更大规模的比赛，与职业电竞选手同场竞技。

经过多年的培养与选拔，美国已经拥有了一大批优秀的电子竞技选手，他们在世界各大电子竞技赛事中取得了优秀的成绩。对于美国的年轻人来说，电子竞技已经和橄榄球、棒球、篮球等传统体育运动一样成为生活的一部分，职业电子竞技选手也和橄榄球运动员、篮球运动员一样成为年轻人最想从事的职业之一。

不过随着电子竞技的飞速发展，美国的电子竞技也带来许多问题，其中影响最大的就是导致滥用枪支。包括高层政要在内，美国有很多人都认为电子游戏应该为愈演愈烈的枪击案负责，因此通过修改法令对电子游戏的开发和销售进行限制。

与此同时，美国的电竞比赛本身也受到了枪支滥用的威胁，其中最惨重的一次事故是 2018 年发生在佛罗里达州杰克逊维尔市的枪击案。当时一个商场中正在进行《麦登橄榄球》的选拔比赛，一名被淘汰的选手突然掏枪射击，随后饮弹自尽，这次悲剧造成包括凶手在内的 3 人死亡、11 人受伤，给美国的电子竞技发展蒙上一层血色的阴影。

在欧洲，电子竞技发展水平甚至比美国还要高，特别是北欧地区已经成为世界上电子竞技最发达的地区之一。

丹麦号称“欧洲电竞摇篮”，对于电子竞技的发展非常重视，甚至将发展电子竞技作为一项基本国策。有研究报告显示，96% 的丹麦年轻人都玩过与电竞相关的游戏，其中很多人每天都会玩。

世界知名的电竞战队都有来自丹麦的电竞选手，他们在电子竞技国际大赛上取得了令人瞩目的成绩，在 2018 年《英雄联盟》全球总决赛四强赛中，20 名四强首发队员中竟然有 5 位丹麦选手，超过了中国和韩国的选手数量。

在英国，电子竞技在大学里已经成为一种潮流。据英国《每日电讯报》的报道，英国国内的 73 所高校内注册的电子竞技队已经超过了足球队的数量，成为高校内数量最多的“运动队”，虽然无法因此说电子竞技已经超越了英式足球，但迅猛的发展势头却是毋庸置疑的。

法国拥有著名的电子竞技俱乐部 FNATIC，在《英雄联盟》和《反恐精英：全球攻势》等竞技项目上取得了骄人的成绩，这些浪漫的法国人还开发了与俱乐部同名的时尚品牌，设计制作包括电竞外设、潮流服装在内的多种商品。

以严谨著称的德国人同样热爱电子竞技，电子竞技联盟（Electronic Sports League，简称 ESL）的总部就在德国科隆，该组织致力于推动电子竞技社区和产业的健康发展，举办了 Go4、IEM 等世界著名的电子竞技赛事。

2017 年 11 月 27 日，德国电子竞技协会成立，目的是推动电子竞技在德国成为正式的体育项目。2018 年 2 月，德国政府宣布电子竞技成为正式体育项目。为了推动电子竞技的发展，德国政府计划斥资 5 000 万欧元建立游戏基金，这是德国首次从政府层面进行电子游戏产业的投资。

2015 年，俄罗斯的 ESForce 控股集团强势进军欧洲电竞产业，仅仅用了两年的时间就已经在欧洲电竞版图上建立了自己的王国，拥有了如 VP 和 SK 这样的豪强战队，建立了一个贯穿比赛组织、战队管理、金融博彩等多个领域的庞大产业。

因为举办英特尔极限大师杯赛（Intel Extreme Masters，简称 IEM），波兰的小镇卡托维兹一跃成为举世瞩目的电竞之都，在举行比赛的 6 天时间里吸引了超过 10 万名观众来到这里，仅仅广告收入就达到了惊人的 2 200 万欧元，随之带来的间接效益更是无法估量。

卡托维兹的成功让所有人感受到了电子竞技的巨大魅力，以及其中蕴含的庞大经济效益。为了从中分一杯羹，许多欧洲的城市都开始打造属于自己的电竞赛事，其中甚至包括巴黎、伦敦、柏林这些世界知名的大都市。

在南美洲的巴西，电子竞技同样受到了极大的关注，巴西玩家把对足球桑巴的热情融入电子竞技中，形成了自己独特的风格。

《英雄联盟》依然是巴西玩家最喜欢的游戏，2015 年 8 月 8 日《英雄联盟》巴西冠军联赛在著名的圣保罗安联公园开战，有超过 5 万名观众到现场为自己喜欢的选手助威，并且在巴西电视台 SportsTV 和网络上同步播出，共有 210 万名观众观看了比赛直播。高涨的热情震惊了《英雄联盟》的开发商拳头公司，其开始对巴西市场作进一步的深入拓展，未来会有更多的比赛在巴西举办。

除了《英雄联盟》之外，巴西玩家对《反恐精英：全球攻势》、DOTA、CF 等竞技游戏同样也有着极大的热情，巴西的电子竞技水平也在迅速提高，相信在不久的将来，桑巴热舞一定会闪耀在世界电子竞技赛场上。

不可否认的是，电子竞技是一项“有钱人的运动”，想要取得成果必须投入大量的资金。对于那些经济不太发达的地区来说，电子竞技的发展还很落后。在非洲的很多地方，不但没有高速稳定的网络，甚至连能够玩游戏的电脑也是稀缺资源，想要发展电子竞技更是一种奢望。即使如此，非洲大地仍有一批热爱电子竞技的玩家，他们使用破旧的电脑，顶着令人抓狂的网速上网参加比赛，无论成绩如何，这种精神都值得所有人称赞。

虽然面临着种种挑战，电子竞技仍然在世界范围内顽强地发展壮大着。相信在不久的将来，电子竞技将会与其他竞技运动共同见证人类“更高、更快、更强”的竞技精神。

扫码获取
☆电竞事记
☆赛事回顾
☆选手故事

06 虚拟的世界

◇

电子竞技的基石是电子游戏，没有电子游戏，电子竞技也就像空中楼阁，根本无从谈起，然而并不是所有的电子游戏都适合进行竞技，能够成为竞技游戏的只是其中的一部分。为了与其他的电子游戏进行区分，我们把用来进行电子竞技的电子游戏称为“电竞游戏”。

电竞游戏首先是游戏，可以让人们从中得到快乐，然后是拥有一定的竞技性，能够让玩家在相对公平的环境中进行对抗。归根结底，电竞游戏的作用就是创造一个虚拟的世界，并提供一个进行对抗的舞台，最终互相对抗的还是进入这个世界的玩家们。

早期出现的电竞游戏类型是以《街头霸王》系列为代表的格斗游戏。

1987 年 8 月，第一代《街头霸王》发布，这标志着格斗游戏作为动作游戏的一个分支登上了游戏舞台。不过这个游戏制作得十分粗糙，人物的动作、技能和格斗动作判定都很不完善，因此并没有得到广泛的关注。真正使得格斗游戏兴起的是 1991 年发布的《街头霸王 2》，这是一部伟大的杰作，无论是角色设计还是格斗手感都十分出色，一经推出就成了街机厅里最受欢迎的游戏，两个《街头霸王 2》高手之间的对决能够吸引整个街机厅的人为其喝彩欢呼。

《街头霸王》

除了《街头霸王》系列之外，国内的玩家最熟悉的格斗游戏是在国内被称为“拳皇”的《格斗之王》系列，这款游戏开创了组队格斗的新模式，在街机厅里的人气甚至超越了《街头霸王 2》。随着游戏机性能的提升，格斗游戏开始进入 3D 时代，代表作品是《VR 战士》和《铁拳》。

格斗游戏在全世界都有大量的爱好者，不过在其原产地日本，这个爱好者的群体尤其庞大，为了能够以“武”会友，日本的游戏杂志甚至还专门为格斗游戏玩家举办了名为“斗剧”的电子竞技大赛。

随着日本电子竞技的整体衰落，格斗游戏已经不再是世界电子竞技最受关注的主流项目，不过在很多大型比赛中仍然能看到它们的身影，除此之外，还有北美格斗游戏大赛之类的大型专业格斗游戏赛事。

相比格斗游戏，第一人称射击游戏（First-Person Shooting Game，简称 FPS）受到更多玩家欢迎，毕竟用拳头打架总没有用枪“突突突”来得爽快。

最早出现的 FPS 游戏是《德军总部 3D》，不过这款游戏并没有联网功能，玩家只能独自上阵。1993 年《毁灭战士》（DOOM）横空出世，玩家可以通过局域网进行对战厮杀，随后的《雷神之锤》（Quake）进一步加强了对战功能，到了《雷神之锤 3》更是彻底放弃了通关模式，成为一款彻底的对战游戏，可以说是现代电子竞技游戏的开山之作。

真正让FPS游戏成为主流的是《反恐精英》，这个游戏原本只是《半条命》的一个非官方的游戏模组（MOD），因为太受玩家欢迎而被官方收购，随后成为独立的游戏，并衍生出了一个庞大的游戏系列。曾经在相当长的一段时间里，《反恐精英》都是网吧里最受欢迎的游戏。现在《反恐精英》仍然是最优秀的FPS游戏系列之一，其资料片《反恐精英：全球攻势》是各大电子竞技比赛的比赛项目之一。《穿越火线》《守望先锋》等射击游戏的设计或多或少都受到了《反恐精英》的影响。

《反恐精英》

《绝地求生》之类的射击游戏可以看作是FPS游戏的衍生种类，也被称为“大逃杀”类游戏。玩家需要在游戏地图上收集各种资源，并在不断缩小的安全区域内与其他玩家对抗。在这一类游戏中，杀死敌人并不是最终目的，只有活到最后才可能“吃鸡”。《堡垒之夜》在生存对抗的基础上又增加了建造的元素，让游戏的玩法更加多变，吸引了很多玩家投入其中。

射击游戏既能体现玩家个人的高超技术，又可以展现团队成员之间的默契配合，而且对抗过程火爆刺激，所以一直都在电子竞技游戏比赛中占据着相当重要的地位。

同样在电子竞技比赛中占据重要地位的是以《星际争霸》为代表的即时战略游戏，这类游戏在职业电子竞技的发展历史上厥功至伟，可以毫不夸张地说，没有《星际争霸》就没有电子竞技的今天。

最早的即时战略游戏是《沙丘魔堡 2》，它已经具备了该类游戏所有的基础玩法，不过并不支持联网对战，所以并不适合进行电子竞技。随后的《命令与征服》系列和《魔兽争霸》系列开始支持局域网对战，成为早期网吧的宠儿。《星际争霸》创造出了三个各具特色却又彼此平衡的种族，重新定义了即时战略游戏的模式，使其更有竞技性，并且为全球的玩家提供了一个可以同场竞技的舞台——战网，并借此一举成为当时整个世界上最受欢迎的电子竞技游戏，从而推动了韩国电子竞技产业的飞速崛起。随后的《魔兽争霸 3》将即时战略游戏提升到了一个新的高度，并且从中孕育出了一个新的电竞游戏类型——DOTA。

即时战略游戏的基础玩法很简单，只需要收集资源、建造部队、攻击敌人，最终取得胜利，然而玩起来如同真正的战场一样复杂多变，既考验玩家掌控全局的战略眼光，又对每一次细微的操作有很高的要求。

在韩国政府的大力推动下，韩国的电子竞技产业依托《星际争霸》迅速发展起来，成为最早的电子竞技强国，为电子竞技在世界范围内的发展打下了坚实的基础。

由于种种原因，即时战略游戏整体逐渐走向衰落，《星际争霸 2》之后再没有重量级的即时战略游戏发布。《星际争霸 2》虽然仍是一款优秀游戏，却没能延续《星际争霸》和《魔兽争霸 3》的辉煌。即便如此，即时战略游戏仍然是电子竞技比赛中重要的组成部分。

MOBA（Multiplayer Online Battle Arena）的中文翻译为“多人在线战术竞技游戏”，不过中国玩家更喜欢称之为“倒塔”（DOTA）游戏。

与《星际争霸》这类传统的即时战略游戏相比，MOBA 游戏对于玩家操作的要求要低得多，更加平易近人，因此吸引了很多以休闲为主的玩家，其中包括大量的女性玩家。然而入手容易并不代表缺乏竞技性，反而更考验玩家的个人技术和团队配合。激烈的战斗使得 MOBA 游戏的比赛具有很强的观赏性，在几乎所有的大型电子竞技赛事上，以《英雄联盟》为代表的 MOBA 游戏都是最受关注的比赛项目，也是直播平台最受欢迎的电子竞技游戏类型之一。

最早的 MOBA 游戏可以追溯到《星际争霸》时期的自定义地图“Aeon of Strife”，不过真正让 MOBA 游戏发扬光大的是《魔兽争霸 3》中名为“Defense of the Ancients”（简称 DOTA）的自定义地图，后续 MOBA 游戏的游戏方式在这张地图上已经基本成型，成为最受玩家欢迎的《魔兽争霸 3》对战地图之一。

随着 DOTA 地图的火爆，出现了很多类似的独立游戏，其中最成功的就是美国拳头公司开发的《英雄联盟》，爽快的操作手感和易上手的特点使其上市后很快大受欢迎。强大的赛事体系和优秀的平衡性使得《英雄联盟》很快在电子竞技中占据了一席之地，并将 MOBA 游戏提升到了一个前所未有的高度，成为最受玩家欢迎的游戏类型之一。

智能手机普及后，MOBA 游戏在手机上得到了进一步的发展，以《王者荣耀》为代表的手机 MOBA 游戏进一步简化了操作，提升了娱乐性，从而收获了更多的玩家，甚至还成为 2018 年雅加达亚运会的表演项目。

《王者荣耀》人物韩信

除了这些由受欢迎的电子游戏产生的电子竞技项目之外，还有许多电子竞技游戏是将原本已经存在的传统竞技项目进行“电子游戏化”之后发展起来的，这些电子游戏大都延续了传统竞技项目的基本规则，拥有自己的忠实玩家群体，同样也是非常优秀的电子竞技项目。

英式足球是世界上最受欢迎的竞技项目之一，在全世界有无数狂热的爱好者。电子游戏厂商当然不会漏掉这个题材，围绕足球这一主题开发了许多游戏类型，在电子竞技领域最常见的是以 FIFA 系列和《实况足球》系列为代表的操作类足球游戏，玩家需要操纵整支球队，在虚拟的足球场上互相攻防，将足球踢入对方的大门。在包括 WCG 在内的许多大型比赛中都可以看到足球游戏的身影。

世界上最著名的篮球比赛是美国的 NBA 联赛，目前最著名的篮球游戏同样是 NBA 授权制作的 NBA 2K 系列，玩家可以操纵那些著名的 NBA 球星在赛场上驰骋。受到 NBA 文化的影响，美国国内拥有大量的篮球游戏玩家，所以美国国内的电子竞技赛事很多都会出现 NBA 2K 系列游戏的身影，不过在世界范围的电子竞技大赛中并不是很常见。

橄榄球又被称作美式足球，在美国国内是一项广受欢迎的运动，最著名的橄榄球游戏是《麦登橄榄球》系列，从推出之日起就在美国广受欢迎，也是美国电子竞技大赛中的常见比赛项目之一。不过对于亚洲玩家来说，恐怕连橄榄球比赛的规则是什么都完全没有概念，更别提热爱这项运动和相关的游戏了，所以《麦登橄榄球》系列游戏很少出现在亚洲的电子竞技赛场上。

其他的球类运动如排球、乒乓球、羽毛球、棒球等，要么是没有适合竞技的电子游戏，要么就是玩家数量太少，在电子竞技领域的影响几乎可以忽略。

除了球类运动，还有一类非常适合电子竞技的运动项目就是赛车，以《极品飞车》《山脊赛车》等为代表的赛车竞速类游戏曾经风靡一时，并成为世界电子竞技大赛（WCG）的比赛项目，但由于操作性、竞技性等多方面的原因，赛车游戏电子竞技的发展并不理想，随后就逐渐淡出了人们的视线。近年来，随着电子竞技的飞速发展，传统的赛车游戏开发商开始注意到了这片沃土，并开始开发相关的赛车竞技游戏，于是与赛车游戏相关的竞技比赛再次回到人们的视线中。

为了赶上电子竞技这个潮流，身为“世界三大体育盛事”之一的一级方程式赛车（F1）开始开发自己的电子竞技游戏，以充分展示 F1 赛车的魅力。一家英国游戏公司获得授权后制作了一款名为 F1 的游戏，这个游戏最大的特点就是完全模拟真实的 F1 赛事，尽可能地做到 100% 的还原，不仅游戏画面接近真实，还配备了和 F1 赛车驾驶舱类似的模拟控制器，使得行驶过程中悬挂、轮胎的各种状况都通过控制器振动传递到玩家的身体，让普通人也能够体验到驾驶 F1 赛车的紧张和刺激。

依托 F1 赛事的强大影响力和 F1 这款游戏，首届 F1 电竞中国冠军赛以“创造中国速度”为主题，覆盖华东、华南等 4 大赛区，吸引了 5 000 余位选手参赛。自从 2017 年由 F1 官方推出 F1 电竞项目之后，F1 电竞全球锦标赛两年内就已经在全球范围内吸引了 13 万名玩家参赛，2018 年的总决赛更是吸引了超过 550 万名观众在线观看，在电子竞技领域产生了不可忽视的影响力。

F1 电竞

除此之外，国际汽车联合会（FIA）也与著名的赛车游戏《GT赛车》合作，授权举办自己的电竞赛事。

在电子竞技的比赛项目中，棋牌类游戏是一个比较特殊的领域。在电子游戏化之前，象棋、围棋、跳棋之类的棋类游戏和桥牌、梭哈、麻将之类的牌类游戏已经存在了很多年，形成了相对完整的规则，拥有比较固定的玩家群体，而且拥有很强的地域性。

棋牌游戏进行电子游戏化之后，最大的区别就是把打牌的地点从棋牌室转移到了电脑或者手机上，规则并没有很大的变化，甚至连用户群体也有很大的重合。棋牌类游戏拥有一定的竞技性，不过组织的比赛仅限于线上，而线下的棋牌比赛大都会使用实体的棋牌进行，毕竟把棋子或者纸牌拿在手中的触感要比观看手机或者电脑屏幕更好一些。除此之外，绕不开的赌博话题也成为棋牌游戏在电子竞技方面发展的重要阻碍。

和棋牌游戏玩家类似，《万智牌》《三国杀》等卡牌游戏的玩家更倾向于用实体卡牌进行对决，线上比赛只是在最终决赛之前的预选，桌面上进行面对面的对决才是真正的高手应该做的事情。不过随着《炉石传说》之类的线上卡牌类游戏的兴盛，这种情况正在发生改变，卡牌类游戏开始拥有更多的竞技性，《炉石传说》成为很多电子竞技大赛的比赛项目就说明了这一点。除此之外，卡牌游戏还开始与其他类型游戏结合，比如《部落冲突：皇室战争》就是卡牌游戏和即时战略游戏相结合的成功案例。

对于电子竞技来说，繁多的游戏类型既是优势又是劣势，优势在于让绝大多数游戏玩家都能够找到自己感兴趣的电子竞技赛事，劣势则是分散了某个游戏项目所能获得的资源和用户群体。

就如同电脑硬件的发展过程一样，电子游戏的发展同样是不可阻挡的趋势，在将来肯定会有更多新游戏和新的游戏类型出现，同样电子竞技也应该与时俱进，才能获得更好的发展。

07 指尖的征战

◇ ……………………

在电子竞技游戏中，以《星际争霸》为代表的即时战略游戏（Real-Time Strategy Game，简称 RTS）占据了非常重要的地位，可以说是整个电子竞技的基石。

即时战略游戏从策略游戏（Strategy Game）演化而来。在电脑性能较差的时代，策略游戏大都采用回合制，节奏相对缓慢，这对电脑的性能要求比较低。电脑性能的提高使同时进行大量运算成为可能，为即时战略游戏的诞生和发展提供了必要的硬件条件。

战争是即时战略游戏永恒的主题，玩家在其中扮演指挥官的角色，控制自己的部队与敌方交战，在这个过程中无法暂停，更没法重来，所以玩家的每一个判断、每一次操作都可能导致完全不同的结果，相比节奏缓慢的策略战棋类游戏，这种快节奏的战斗给玩家带来更强的刺激和更多的欢乐，更符合大多数电子游戏玩家的胃口。

Westwood Studios 在 1992 年推出的《沙丘魔堡 2》是第一款真正意义上的即时战略游戏，这款游戏确立了即时战略游戏的模式，比如收集资源、建造基地、生产部队等，这一系列操作都由玩家用鼠标完成。《沙丘魔堡 2》曾经移植到当时流行的世嘉 MD 游戏机上，不过这次移植实在称不上成功，移植最大的作用就是证明了游戏手柄实在不适合即时战略游戏的操作。

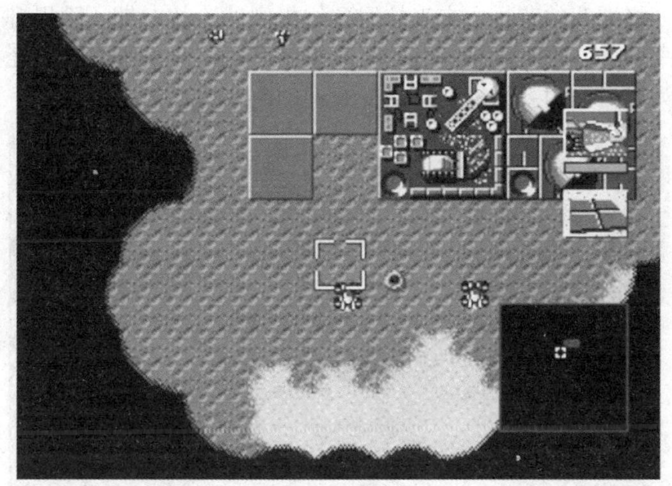

《沙丘魔堡 2》

《沙丘魔堡 2》的成功奠定了即时战略游戏的基础，也为 Westwood Studios 带来了一个强劲的竞争对手——暴雪娱乐公司。受到《沙丘魔堡 2》的影响，暴雪娱乐公司开始开发自己的即时战略游戏，并在 1994 年推出了《魔兽争霸：兽人与人类》，不过由于这款游戏的制作水平不够精良，所以在当时并没有获得太多的关注。

1995 年，Westwood Studios 的《命令与征服》刚一上市就成为当时最受欢迎的游戏，这也是第一个拥有联网对战功能的即时战略游戏，可以通过局域网进行多人游戏。有趣的是，《命令与征服》有两张光碟，可以同时供两台电脑使用，也就是说只要一套游戏就能进行双人对战——当然你还需要两台连好局域网的电脑。在当时的电脑软件商店里几乎都有几台安装好《命令与征服》的电脑供玩家进行对战，这可以看作是网吧的雏形。

同年暴雪娱乐公司推出了《魔兽争霸 2》，画面比《命令与征服》更加精致，而且同样支持局域网对战，不过由于当时国内的玩家对西方魔幻背景的游戏接受度不高，所以在国内并没有受到太多的关注。

1996 年，《红色警戒》闪亮登场，这是《命令与征服》的衍生作品，将游戏的背景由未来拉回到幻想中的冷战时期，除提升了画面水平之外，多人网络对战的性能得到了进一步的提升，一经推出就成为当时国内新兴网吧里最受欢迎的游戏。

《红色警戒》

在同一时期还有许多优秀的即时战略游戏，比如将《文明》元素与即时战略结合的《帝国时代》、第一款采用 3D 图形的《横扫千军》、末世风格的《绝地风暴》等。这些游戏有一个共同点，就是都有很强的对抗性，一般都可以通过局域网进行对战，不过并没有一个基于互联网的对战平台。

1997 年，暴雪娱乐公司推出了《星际争霸》，其背景设定在未来的宇宙深处，讲述了人族、虫族、神族三个种族之间充满阴谋、背叛、死亡和牺牲的战争故事。

在《星际争霸》之前的即时战略游戏中，敌对各方的兵种大都类似，有的只是外形和数值上的细微差别，《星际争霸》却创造出了三个完全不同的种族。除了需要同样的资源之外，这三个种族的建造模式、兵种特色、科技升级都完全不同，比如人族的建筑是用多功能机器人一点点“焊”起来的，建造好之后就可以飞到空中进行转移，在承受一定的攻击之后就会燃起大火，如果没有及时灭火的话会持续掉血直到烧毁；虫族的建筑需要在铺满“菌毯”的地面上孵化出来，受损之后无法修理，不过会随着时间的推移缓慢恢复；神族的建筑是通过传送信标“传送”过来的，不过只有在能量水晶覆盖的范围内才能正常运转，一旦能量水晶被破坏就会“罢工”。

《星际争霸》

三个种族的作战方式更是有着天壤之别，比如虫族可以选择开局就孵化出6条“狗”去打探和骚扰，而这时候神族的第一个“狂徒”可能还没从兵营里出来；人族的攻城坦克一旦在有利的地形上展开，敌人的地面部队无论来多少都只能灰飞烟灭，但人族的攻城坦克却对空中的敌人完全没有招架之力。

更令人惊叹的是，虽然这三个种族都有自己鲜明的特色，彼此之间却又非常平衡，并没有强势或者弱势之分，玩家的战略眼光和战术操作的水平才是能否在战斗中取胜的关键。

1998年，资料片《母巢之战》的发售把《星际争霸》推上了又一个高峰，这个资料片为玩家带来了新的剧情，更重要的是增加了新的兵种，进一步提升了三大种族之间的平衡性，同时演化出了许多新的战略战术。

《星际争霸》和《母巢之战》的空前成功将原先的即时战略游戏王者 Westwood Studios 挑落神坛，奠定了暴雪娱乐公司在即时战略游戏领域的霸主地位。

和《星际争霸》一同登场的还有名为“战网”的网络服务系统，让玩家可以摆脱局域网的束缚，通过互联网进行对战，并根据战绩进行排名，不过当时的中国玩家很难享受到这项服务。由于国内代理《星际争霸》的奥美公司和暴雪娱乐公司之间的种种矛盾，导致中国玩家即使购买了正版游戏也很可能无法顺利登录战网，再加上盗版游戏的泛滥，使得《星际争霸》在国内仍只局限在网吧之类的局域网内进行对战，这使得国内电子竞技错失了一个宝贵的发展机会。

在韩国，《星际争霸》发售之后很快就成为最受欢迎的游戏，并且成为推动韩国电子竞技发展的重要力量之一，而电子竞技的盛行又进一步促进了《星际争霸》在韩国的销量，将其推上了“销量最高的 PC 即时战略游戏”的宝座。据统计，《星际争霸》在韩国共卖出了超过 500 万份，占全球总销量 950 万份的一半还多。

值得一提的是，《星际争霸》提供了地图编辑器，玩家可以制作自己的游戏地图，有玩家用地图编辑器制作了一张名为“Aeon of Strife”的地图，这可以看作是后续所有“MOBA”类游戏的鼻祖。

到了《星际争霸》这个阶段，即时战略游戏的形态已经基本定型，为了探索未来前进的道路，后续的许多游戏都进行了多方面的尝试。

1998 年的《终极战区》将即时战略和第一人称射击游戏结合起来，让玩家既能够排兵布阵又可以在前线冲杀；1999 年的《家园》将战场从平面转移到三维的宇宙空间，使得战略战术变得更加复杂多变；2000 年的《地球 2150》采用了双层地图，作战单位可以在地面下挖掘通道前进。

这些尝试并没有对即时战略游戏产生根本的影响，反而使得原本就很复杂的游戏方式变得更加烦琐，因此并没有被大多数即时战略游戏玩家所接受。

2000 年，《红色警戒 2》发售，这是一款非常优秀的即时战略游戏，不过因为有《星际争霸》的辉煌在前，《红色警戒 2》并没有给玩家们带来太多的惊喜，《红色警戒 2》仍然是以局域网对战为主，两大阵营虽然各自拥有许多成员，不过彼此之间差别不大，只是在终极武器上有些区别。

由于著名的MOD《共和国之辉》的出现，《红色警戒2》在国内的网吧里曾经风靡一时，不过这款MOD严重破坏了游戏中各阵营之间的平衡性，中国阵营要比其他阵营强大很多，虽然玩起来很爽，不过完全不适合进行电子竞技比赛。

2002年，暴雪娱乐公司推出了《魔兽争霸3》，并在一年之后推出了资料片《冰封王座》。《魔兽争霸3》的游戏画面全面提升为3D效果，玩家可以调整视角从不同角度观察战局，画面效果在当时可谓令人惊艳。《魔兽争霸3》延续了该系列的一贯风格，仍然是以西方魔幻故事为背景，除了从前代继承而来的人类和兽人两个种族之外，还创造了暗夜精灵和亡灵族这两个独具个性的种族。《魔兽争霸3》的种族设定中能看到很多《星际争霸》的影子，比如暗夜精灵的建筑可以像《星际争霸》中的人族一样进行转移，而亡灵族的建筑必须建造在"荒芜"的土地上，这一点和《星际争霸》中的虫族非常类似。

《魔兽争霸3》

《魔兽争霸3》继承了《星际争霸》简洁流畅的操作方式，并对一些相对烦琐的操作进行了进一步简化，比如可以设置士兵自动释放技能，作战单位的人工智能也得到了进一步的提升，同时战场地形的3D化让战术变得更加多变，带来了更多的可能性。除此之外，《魔兽争霸3》还引入了日夜更替的效果，夜晚和白天不但对建筑和作战单位的视野有影响，还会带来许多特殊效果，比如暗夜精灵的某些作战单位能够在夜晚自动获得“静止隐形”的效果。

相比《星际争霸》和其他的即时战略游戏，《魔兽争霸3》最大的改变是增加了名为“英雄”的特殊作战单位，这些英雄不但拥有远超普通士兵的攻防值和血量，而且可以通过杀敌积累经验提升等级，除此之外，这些英雄还可以学习各自独特的技能，装备各种强大的宝物来提升能力，即使战死也可以在祭坛中复活。如何更好地运用英雄单位，成为每一个《魔兽争霸3》玩家都需要研究的问题。

在联机对抗方面，《魔兽争霸3》仍然支持局域网对战和战网，并在对战地图上增加了中立的野外部队，以及不同类型的特殊建筑，玩家的英雄可以在其中雇佣到特殊的英雄或者作战单位，还可以购买宝物或者消耗品。这些不确定因素让玩家的选择更多，战局的发展更加不可预测，极大地提升了对战的可观赏性。

《魔兽争霸3》的地图编辑器比《星际争霸》的地图编辑器更加强大，让玩家可以充分发挥自己的想象力和创造力，设计出包括RPG、塔防等连官方都为之惊叹的作品，其中最著名的就是名为“Defense of the Ancients”的对战地图，甚至开创了一个新的游戏类型。

《魔兽争霸3》发布的时候，国内的电子竞技已经开始兴起，许多职业电子竞技选手都是通过这款游戏开始接触电子竞技这个领域，并最终决定投身其中，可以说《魔兽争霸3》对中国电子竞技的发展起到了极大的推动作用。不过《魔兽争霸3》最大的成功还是完善了整个“魔兽世界”的世界观，为后续《魔兽世界》的推出奠定了坚实的基础。

《魔兽争霸3》是即时战略游戏的巅峰之作，发售十几年之后仍是各大电子竞技比赛中常见的比赛项目之一。《魔兽争霸3》之后，即时战略游戏开始走下坡路。2008年发布的《命令与征服：红色警戒3》并没有给玩家们带来惊喜，虽然仍然有《战锤40K》

等优秀的即时战略游戏，却难以再现之前的辉煌。

2010年《星际争霸2》的推出原本应该是即时战略游戏复兴的一个契机，然而由于韩国电子竞技协会和暴雪娱乐公司之间闹矛盾，使得《星际争霸2》的电子竞技比赛在韩国不被承认，极大地影响了《星际争霸2》的销售成绩以及其后续在电子竞技领域的发展。

在中国国内，《星际争霸2》由网易公司代理，中国的即时战略游戏玩家首次能够比较顺畅地登录暴雪战网进行对战，不过由于取消了局域网对战模式，加上售价较高，《星际争霸2》在网吧里始终无法成为主流，这些都严重影响了《星际争霸2》在国内的热度。

《星际争霸2》的操作延续了《星际争霸》的风格，并进一步简化和智能化，减少了烦琐的操作，降低了“手速”在游戏中的重要性，更考验玩家的战略意识和宏观操作，比赛的场面也更加精彩。作为一款电子竞技游戏，《星际争霸2》无疑是非常优秀的，现在世界级的电子竞技比赛中也有它的身影。

《星际争霸2》之后，正统的即时战略类型游戏陷入了低谷，再没有可以称得上轰动的大作出现，反而是从其中衍生出来的MOBA类游戏后来居上，受到了玩家的热烈追捧。

08 塔下的战斗

◇ ……………

现在提到 MOBA 类游戏，大家首先想到的就是《英雄联盟》和《王者荣耀》这类“推塔”的游戏，不过严格地说，MOBA 仍然是即时战略游戏的一个分支。

与需要复杂操作和战略头脑的“硬核”即时战略游戏相比，MOBA 类游戏对于操作的要求要低得多，玩家只需要控制自己的英雄专注于战斗，至于收集资源、建设建筑、生产兵种之类的事情完全不需要操心，全都是自动进行，这种玩法显然更适合休闲娱乐，在现代的快节奏生活中更受玩家们的欢迎。

最早的 MOBA 游戏是《星际争霸》中的一张名为“Aeon of Strife”的自定义地图，设计者是一位叫作 Aeon64 的玩家。在这张地图里，玩家可以控制一个英雄单位与敌人进行战斗，双方基地会按时生产出部队进行支援，获胜的条件则是摧毁对方的主基地。

“Aeon of Strife”确定了 MOBA 类游戏的基础规则：操纵英雄、自动造兵、摧毁基地获得胜利，算得上是所有 MOBA 类游戏的“老祖宗”，虽然那时候还没有 MOBA 这个说法。不过因为细节还不太成熟，而且只能与电脑对抗，所以可玩性并不太高，也没有受到太多的关注。值得一提的是，这张自定义地图在《星际争霸 2》中仍然存在，而且添加了更多的内容。

真正将此类游戏发扬光大的是《魔兽争霸 3》中的自定义地图“Defense of the Ancients”（DOTA），设计者是 Eul。没错，仍然是暴雪娱乐公司的即时战略游戏，仍然是自定义地图。

《魔兽争霸 3》的 DOTA

由于《魔兽争霸 3》本身就有英雄单位、技能、宝物的设计，所以在 DOTA 地图中也加入了这些元素，除此之外，还在地图上加入了野外怪物、道具商店等元素，战斗的目的仍然是摧毁对方的基地。此时的 DOTA 已经形成了比较成熟的玩法，并支持玩家进行网络对战。

在 DOTA 中，对战双方分为天灾军团和近卫军团两方势力，主基地自动生产部队并按照固定的路线投入战场，被称为“兵线”。天灾军团的部队是食尸鬼与男巫的组合，近卫军团的部队是树人和猛禽德鲁伊的组合，这些部队的攻防科技大约 7.5 分钟会自动升级一次，最高可以达到 30 级。

经过 Guinsoo、Icefrog 等大神级的玩家不断对 DOTA 地图进行更新和修改，DOTA 越来越完善，陆续添加了更多各具特色的英雄、宝物和技能，后期的英雄数量甚至达到了一百多位。随着 DOTA 地图的不断完善，热度也迅速提高，很快成为最受欢迎的《魔兽争霸 3》对战地图，当时网吧里的玩家一起大呼小叫地“倒塔”成为一种常态。

与此同时，其他玩家也开始使用《魔兽争霸 3》的地图编辑器制作类似的地图，其中有许多优秀的作品，不过知名度和热度都不如 DOTA，甚至连此类游戏在当时都被称为“类 DOTA 游戏”。

不过此时的 DOTA 仍然是《魔兽争霸 3》的一张自定义地图，受到了诸多的限制。有游戏厂商看到了其中的商机，推出了专门的类 DOTA 游戏。

2009 年发布的《半神》是第一款独立的类 DOTA 游戏，该游戏在游戏方式和地图设定上基本上都是照搬 DOTA。由于在发布之初服务器就遇到了严重的问题，对《半神》充满期待的玩家发现他们根本无法登录，经过这么一番折腾，《半神》很快就夭折了。

真正对 DOTA 的霸主地位形成挑战的是美国拳头公司在 2009 年推出的《英雄联盟》，这款游戏在 2012 年由腾讯公司代理并引进中国。《英雄联盟》基本上延续了 DOTA 的游戏模式，并进一步简化操作，降低了入门难度，让新手玩家能够很快上手，免费的运营模式也让玩家很容易接受，使其很快就成为世界上最受欢迎的游戏之一。

在 DOTA 游戏模式的基础上，《英雄联盟》进行了许多创新，不但创造了数百名各具特色的英雄，还创新性地加入了许多实用的系统。

在《英雄联盟》中，玩家扮演的是召唤师，除了控制召唤出来的英雄进行作战之外，身为召唤师的玩家也拥有自己的技能——召唤师技能，每个玩家拥有两个安放召唤师技能的栏位，使用召唤师技能不消耗任何资源，并且独立计算冷却时间。召唤师技能是《英雄联盟》独创的特殊系统，在游戏中占据了极为重要的地位，召唤师技能随着召唤师的等级提升逐渐解锁，不同的召唤师技能作用截然不同，玩家可以在进入游戏之前根据所选英雄的特点或队伍的战术战略需求选择自己的召唤师技能，一旦进入游戏就不能更改。如果使用得当，召唤师技能在关键时刻甚至可以发挥出逆风翻盘的神奇效果。

《英雄联盟》

符文系统是《英雄联盟》中另一个重要的系统，可以对召唤的英雄进行升级，玩家一般会根据选择的英雄类型和自己在队伍中的位置进行调整。

当召唤师的等级达到30级，并拥有至少20名英雄之后，玩家就可以参加排位赛，然后要通过不断的征战并取得胜利来积攒“胜点”，从而提升自己的段位。段位由低到高分别为：坚韧黑铁、英勇黄铜、不屈白银、荣耀黄金、华贵铂金、璀璨钻石、超凡大师、傲世宗师、最强王者。

除了这些与游戏内容相关的系统之外，《英雄联盟》还有非常方便的观战系统，让玩家可以很方便地观看朋友正在进行的比赛，甚至可以选择导播镜头，由系统自动为你切换到战场上战斗最激烈的地方，让你不会错过任何精彩的瞬间。

《英雄联盟》还内置了直播系统，玩家可以通过客户端内建的平台直接观看各大电子竞技比赛的精彩直播，也可以选择过去的比赛进行回放。

有了观战系统和直播系统，《英雄联盟》的娱乐性大大提高。它不只是一个游戏，而是一个以游戏为基础的综合性娱乐平台，玩家可以通过多种方式参与进来，即使是完全不会打游戏的“云玩家”也可以乐在其中，充分体验电子竞技的魅力。

随着《英雄联盟》热度的提高，各大电子竞技赛事都将其作为比赛项目，这反过来又吸引了越来越多的电子竞技选手投身其中，进一步提升了其热度。

除了作为各大赛事的竞赛游戏之外，《英雄联盟》每年都会组织三项全球规模的赛事，分别是全球总决赛、全明星赛和季中冠军赛。

全球总决赛（World Championship）是所有《英雄联盟》比赛项目中荣誉最高、含金量最高、竞技水平最高、知名度最高的比赛，每年举办一次，一般在9～10月开赛。参赛者是来自各大赛区最顶尖水平的战队，只有在每一年的职业联赛中表现出色的队伍才有资格参加，比赛的冠军奖杯是“召唤师杯”，代表着《英雄联盟》中的最高荣誉。

召唤师杯

全明星赛（All-Star Event）从2013年开始举办，参赛者是由各赛区观众投票选出的明星选手，除了正统的战斗较量外，还增加了克隆模式、无限火力、双人共玩、SOLO赛等娱乐模式。

季中冠军赛（Mid-Season Invitational）从2015年开始举办，是《英雄联盟》最重要的国际赛事之一，每个赛区春季赛的季后赛冠军才能获邀参赛。

除了这“三大赛”之外，2017年又增加了洲际系列赛，这是由一系列地区对抗赛组成的国际赛事，来自各个赛区的队伍将在召唤师峡谷争夺地区最强赛区的荣誉。

《英雄联盟》推动了电子竞技的普及和发展，而热火朝天的电子竞技又让《英雄联盟》的热度进一步提升，在世界范围内获得了亿万玩家的喜爱，形成了独特的电子竞技文化。2018年，《英雄联盟》作为电子竞技游戏的代表登上了亚运会的舞台，代表了整个世界对这款优秀的游戏和它为电子竞技做出的贡献的认可。

《英雄联盟》获得的巨大成功使得拳头公司有能力重新定义这一类型的游戏，于是“类DOTA游戏”就变成了“MOBA（Multi-player Online Battle Arena）”游戏。

DOTA的设计者当然不会甘心被人超越，不过继续在《魔兽争霸3》的平台上开发DOTA显然不是长久之计，于是Eul和IceFrog都加入了美国Valve公司，并于2013年推出了DOTA 2。

由于版权的原因，获得“独立”的DOTA 2并没有延续DOTA的世界观和背景设定，而是另起炉灶，创造了一个新的世界。这个世界分为天辉和夜魇两个敌对阵营控制的地区，中间以河流为界，上、中、下三条主要的道路作为关键的进攻通道。每个阵营有五位由玩家控制的守护者，他们的使命就是守护己方的远古遗迹并摧毁敌方的远古遗迹。其实不了解背景也没什么大不了的，毕竟所有的MOBA游戏的目的都一样——自保，然后杀敌。

虽然重建了世界观，但DOTA 2尽可能地保留了DOTA中的一百多个英雄，虽然他们的外表可能变得不太一样，不过属性和技能大都还是原来的味道，基本的玩法更是一切照旧，对于DOTA老玩家来说非常熟悉，很容易上手。

相比DOTA，DOTA 2拥有更精良的画面，近乎完美的平衡性，玩家的匹配系统也十分出色，还参考《英雄联盟》制作了观战系统，玩家可以观看好友的比赛，也可以观看正在进行的比赛列表中的比赛以及职业比赛列表中正在进行的职业比赛，还可以观看之前下载的游戏录像。

相比《英雄联盟》，DOTA 2 更偏向“硬核”玩家，竞技性更强一些，这使得完全没有玩过此类游戏的新手上手难度比较大，所以玩家群体相对较小，不过在世界级的电子竞技大赛上仍然牢牢占据着一席之地。

拥有 DOTA 版权的暴雪娱乐公司当然不会放过开发这个热门游戏类型的机会，经过多次跳票之后终于在 2015 年推出了自己的 MOBA 游戏——《风暴英雄》。

这款游戏最令人激动的地方就是它汇聚了来自暴雪娱乐公司四大经典游戏系列中的英雄人物，这四大系列分别是《魔兽世界》《暗黑破坏神》《星际争霸》和《守望先锋》。刀锋女王大战迪亚波罗、吉姆·雷诺单挑阿尔萨斯，在这里都可以实现。

相比其他 MOBA 游戏，《风暴英雄》有很多不同的地方，比如舍弃了装备系统，让英雄可以选择独特的天赋系统，天赋拥有提升技能、获得额外技能、获得额外属性等效果，同一位英雄会因为选择了不同的天赋而获得截然不同的作战能力，这使得玩家在战斗中可以有更多不同的选择。

《风暴英雄》有许多张不同的作战地图，每张地图都拥有其独特的机制，在其中某些地图上，玩家甚至可以召唤出极其强大的生物为自己作战。

虽然背靠暴雪娱乐公司这棵大树，拥有大家耳熟能详的英雄，《风暴英雄》却始终处于不温不火的尴尬状态，“风暴要火”甚至成了游戏圈里一个著名的“梗”，实在令人无奈。

随着智能手机的普及，手机游戏迅速发展，MOBA 类型游戏也开始登陆手机平台，其中的佼佼者就是腾讯天美开发的《王者荣耀》。

《王者荣耀》的对战玩法与其他 MOBA 游戏大同小异，只是进一步降低了操作难度，并根据手机的特点进行了优化。相比电脑端的游戏，《王者荣耀》最大的优点是方便快捷，可以随时随地拿出手机打上一局，几个朋友组队打游戏只需要围坐在一起就可以“开黑”，不需要专门跑到网吧去。

除了传统的对战之外，《王者荣耀》还增加了挑战模式、武道大会、六国远征等多种玩法，进一步丰富了游戏的内容。

《王者荣耀》

爽快的游戏方式和优秀的游戏品质使《王者荣耀》成为最受欢迎的手机游戏之一，随后推出的《王者荣耀》国际版更是走出国门，进军欧美市场。2018 年，《王者荣耀》国际版和《英雄联盟》一起登上了亚运会成为表演项目。

无论是在中国还是在其他国家，MOBA 类游戏都是当下最受欢迎的电子竞技游戏，吸引了无数优秀的电子竞技选手奋战其中，我们不知道这一热潮可以持续多久，也不知道 MOBA 类游戏将来会不会被其他类型的游戏取代，但我们知道现在每一位电竞选手都在这个战场上全力拼搏，用自己的才华、努力和热情战胜对手、战胜自我，为广大玩家奉献出一场场精彩的比赛。无论将来怎样，这些电竞选手都值得我们永远尊重。

09 弹雨的洗礼

◇ ……………………

在电子竞技比赛中，第一人称射击游戏是最重要的比赛项目之一，这种游戏拥有极强的对抗性，对选手技术和意识的要求都非常高，其中很多还考验团队成员之间的配合，在激烈的攻防之间挥洒枪林弹雨，场面精彩火爆，非常具有观赏性，所以很受直播观众的欢迎。

早在街机和红白机盛行的年代，有很多游戏已经具备了第一人称射击游戏的雏形，这时的射击游戏大都使用光枪进行操纵，玩家的任务就是射击屏幕上出现的敌人，比如红白机上著名的《打鸭子》《野战排》，街机上的《VR 特警》《死亡之屋》等。在这类游戏中，玩家无法操纵人物移动，受到的限制比较多。

1992 年，ID 软件公司推出了第一款真正意义上的 FPS 游戏——《德军总部 3D》，玩家在这个游戏中扮演一位被俘的特工，单枪匹马在德军的堡垒中杀出一条血路，最终成功刺杀希特勒。《德军总部 3D》确立了 FPS 的基本玩法：第一人称视角移动、人物拥有血量和护甲、可以携带并切换使用多种武器等。

《德军总部 3D》

现在看起来，《德军总部 3D》的画面非常简陋，不过在当时却是非常优秀的，以“射线追踪算法”计算出来的“伪 3D”贴图的效果使得玩家可以在一个“真实”的空间中自由探索、杀敌、寻宝，这种极高的自由度在之前的游戏中是难以想象的。“伪 3D”并不是真实的 3D 画面，举个例子来说，游戏中所有的补给箱始终都是用一个面朝向玩家，不过在当时这并不是太大的问题。

《德军总部 3D》获得成功之后，ID 软件公司大受鼓舞，并在 1993 年推出了《毁灭战士》（DOOM），虽然仍然是“伪 3D”画面，但游戏的画面效果得到了很大的提升，同时新增了包括电锯在内的多种武器，丰富了敌人的种类和地形效果，还增加了联网对战的功能。《毁灭战士》一经推出就得到了玩家的热烈追捧，其正式版的销量达到了 300 万套，共享版更是发行了惊人的 3 000 万套。其后的“加强版资料片”《毁灭战士 2》也售出了超过 150 万套。

《毁灭战士》是整个 FPS 发展史上的一座丰碑，甚至在欧美引起了一股文化潮流，联机对战《毁灭战士》成为当时的年轻人最“酷”的时尚之一，甚至开始自发组织游戏比赛。从此之后，玩家之间的对抗就成了 FPS 游戏必不可少的元素之一。

《毁灭战士》

《毁灭战士》之后出现了包括《毁灭公爵》系列、《异教徒》系列在内的众多模仿者，其中许多都具有优秀的游戏品质，不过受限于当时的电脑性能和开发引擎，这些游戏采用的都是“伪3D”的显示方式。

第一款“真3D”的FPS游戏是《雷神之锤》，由ID软件公司于1996年推出，在这款游戏里，玩家终于可以看到补给箱的侧面和后面了，实在可喜可贺。除了画面，《雷神之锤》最重要的进步就是加强了联机对战模式，支持局域网及互联网对战，玩家可以用自己的电脑架设服务器，让其他玩家登录自己的游戏进行对战。除了最初的“死亡竞赛”模式，后续的更新中还添置了“夺旗模式”“组队模式”等对战方式。

《雷神之锤》引发了一场FPS对战热潮，无数玩家呼朋引伴奋战其中，高涨的热情使得相关的比赛应运而生。1997年，ID软件公司举办了第一届《雷神之锤》全国锦标赛，获得了极大的成功。有趣的是，现在FPS玩家们最熟悉的移动按键设置“WASD”，就是从那时候开始流行起来的，因为此次全国锦标赛的冠军Fong使用的就是这样的按键设置，后来ID软件公司的程序员就将其作为一套按键模板加入了《雷神之锤》，并在《雷神之锤3》中成为默认的按键设置。

遗憾的是，由于《雷神之锤》系列游戏对电脑硬件的要求比较高，而当时国内的网吧还没有大规模出现，所以在国内能够玩到这款游戏的玩家数量不多，体验过联机对战的更是少数。其实这也是大多数 FPS 游戏的通病，为了追求更好的显示效果，自然就需要更强大的电脑性能，特别是对显卡的性能要求近乎苛刻，所以当一款 FPS 游戏大作新鲜上市的时候，大都会给玩家带来一场“显卡危机”。

随后在 1997 年推出的《雷神之锤 2》延续了一代的风格，画面更加精美，除了拥有更多的武器和更多的敌人之外，其他变化不大。

《007：黄金眼》同样是在 1997 年推出的 FPS 游戏，由于发行在国内并不流行的 N64 游戏机平台，所以这款游戏在国内的知名度并不高。值得注意的是，这款游戏是最早引入“部位伤害”概念的 FPS 游戏，现在几乎所有 FPS 游戏中的“爆头”玩法都是由此而来的。

1999 年，ID 软件公司发布了《雷神之锤 3：竞技场》，这款游戏完全抛弃了所谓的“剧情模式”，玩家存在的意义只有一个，就是与其他人在一个竞技场里进行厮杀，直到死亡，或者取得胜利。

《雷神之锤 3》为玩家提供了多种竞技模式，包括“一对一决斗”“分队竞赛”“夺旗模式”“死亡竞技”等，其中很多模式直到现在仍被电子竞技比赛沿用。

《雷神之锤》系列可以说是传统竞技 FPS 游戏的巅峰，也是电子竞技比赛中常见的比赛项目之一，该系列的最新之作《雷神之锤：冠军》的锦标赛奖金达到了百万美元之多。

《半条命》系列是可以与《毁灭战士》《雷神之锤》系列相媲美的 FPS 游戏，由 Valve 公司在 1998 年推出。《半条命》本身是一个科幻背景的 FPS 游戏，采用了改进的《雷神之锤》游戏引擎，无论是在画面效果、射击手感还是故事情节上都非常优秀，一经发售就收获了大量玩家，成为当时最受欢迎的 FPS 游戏之一，后续还推出了《针锋相对》《蓝色行动》等资料片。

除了自身优秀的品质之外，《半条命》的成功还要归功于官方和玩家制作的各种模组（MOD），其中最知名也是最优秀的模组就是《反恐精英》。

《反恐精英》与《半条命》的游戏背景没有任何联系，整体更接近现实世界。游戏中的玩家被分为“反恐精英”（Counter Terrorists）与“恐怖分子”（Terrorists）两大阵营，战斗在他们之间进行。每一场战斗分为数个回合，玩家团队完成游戏地图上的目标或者将敌对玩家全部杀死，都可以取得该回合的胜利，首先取得半数以上回合胜利的队伍就是最终的获胜者。

《反恐精英》游戏中提供了多种对抗模式，分别是“爆破模式”“人质救援模式”“刺杀模式”“逃亡模式”，后期的版本中还增加了“军火库模式”。

和《半条命》中充满科幻感的武器不同，《反恐精英》中的武器基本上都可以在现实世界中找到原型，比如警匪双方的突击步枪分别是现实中著名的 M16 和 AK47。虽然玩家可以从死去的敌人或者同伴身边捡到武器，或者是伸手向同伴求援，不过大多数武器和相应的弹药都是需要花“钱”买的，这也是《反恐精英》区别于其他 FPS 游戏的一大特色。双方玩家在每个回合都会根据表现得到相应的资金，用来购买武器、弹药以及其他的装备，因为资金的数量有限，所以买什么、什么时候买就成了需要慎重考虑的问题，这也为比赛增加了更多的变化和可能性。在后来的 FPS 游戏中，有很多都加入了类似的经济系统。

2003 年，《反恐精英》发布了 1.4 版本，正式脱离《半条命》成为一款独立的游戏，开始支持玩家在 Steam 平台进行联机对战，随后又发布了多个资料片，采用全新的游戏引擎提升了游戏的画面，并增强了游戏的平衡性。

2012 年发售的《反恐精英：全球攻势》是《反恐精英》系列的正统续作，推出了新的枪支和新的地图，还有新手训练、军火库模式等新的元素，对战双方的平衡性达到了近乎完美的程度，这使其直到现在仍是各大电竞比赛常见的比赛项目。

除了以上提到的两个系列之外，还有许多经典的 FPS 游戏，比如著名的《使命召唤》系列、《彩虹 6 号》系列、《战地》系列、

《光环》系列、《英雄萨姆》系列、《斩妖除魔》系列等，这些游戏各具特色，而且品质都非常优秀，在很多电子竞技赛事上都可以看到它们的身影。

2016 年，暴雪娱乐公司推出了《守望先锋》，这是 FPS 游戏中的一个另类。该游戏创造性地将英雄和射击结合起来，每个英雄都拥有自己独特的武器、道具和技能。英雄的武器没有弹药数量的限制，其中有些还拥有第二种攻击模式，技能可以用来伤害或者禁锢敌人、治疗或者保护队友、转移位置或者加快移动速度，合理地使用技能对赢得比赛至关重要。

《守望先锋》透露了暴雪娱乐公司在 FPS 竞技游戏领域的野心，可以说是为电子竞技量身打造，在英雄设计、比赛模式、赛事设置等很多方面都参考了《英雄联盟》之类的 MOBA 游戏，取得了很好的效果。

总体来说，《守望先锋》的游戏品质非常高，靓丽的人物造型和美轮美奂的场景让人眼前一亮，射击的手感也相当不错，多种多样的游戏模式可以满足不同玩家的需求，即使是电子竞技职业选手也可以在其中找到自己的位置。

《守望先锋》

《守望先锋》自有的电子竞技比赛被称作“守望先锋世界杯”，由玩家投票选出本区域的代表委员会，再由委员会选拔组成国家和地区最强战队的选手阵容，这样这场大赛就汇集了全球各个国家和地区的代表队，最终这些队伍会在暴雪嘉年华上进行巅峰对决，决出胜利者。

但是由于对电脑配置的要求比较高，游戏自身的售价也不便宜，操作还相对复杂，这些都影响了《守望先锋》的后续发展。

2017 年，韩国的蓝洞工作室推出了一款名为《绝地求生》的射击游戏，一经发布就引起了广泛的关注，因为《绝地求生》中的最后胜利者会看到“大吉大利，今晚吃鸡”一行字，所以《绝地求生》及类似的游戏被玩家亲切地称呼为“吃鸡”游戏。

《绝地求生》可以选择第一人称视角模式，也可以选择第三人称视角模式，大多数玩家都会选择第三人称视角模式，因为这样的视角更广。不过由于操作模式非常相似，所以《绝地求生》及其同类游戏仍可以归类在第一人称射击游戏里。

相比其他 FPS 游戏的各种竞赛模式，此类“吃鸡”游戏只有一条非常简单的规则：活下去。

《绝地求生》

《绝地求生》的主要玩法就是用飞机把100名玩家扔到一座岛上互相厮杀，最后活下来的那支队伍就是胜利者。和传统的FPS游戏不同，《绝地求生》的地图非常广阔，玩家需要不停地移动、搜索物资、杀死敌人，与日本电影《大逃杀》的情节非常类似，所以有人将其称为“大逃杀”游戏。

玩家除了通过搜索岛上四处散落的枪支、弹药、急救包等武器和补给来武装自己之外，还要注意躲避不知道什么时候就会落下来的炸弹。为了增加对抗的激烈程度，地图上存在一个圆形的安全区，玩家在安全区之外就会不断受伤，直到进入安全区或死亡才会停止。每隔一段时间，安全区就会缩小，从而逼迫幸存的玩家聚在一起厮杀，也就是所谓的“缩圈”。想在游戏中取得胜利，精准的枪法固然重要，清醒的头脑和准确的策略同样必不可少，除此之外还需要运气，毕竟刚落地就被三五条端着枪的大汉围在中间，就算是“神仙”也不一定能力挽狂澜。

事实上，《绝地求生》中真有“神仙”存在，这里的“神仙”指的就是外挂使用者。对于这些“神仙”来说，加速、穿墙、自动瞄准都是最低级的“法术”，有些神仙拥有“金刚不坏”之身，道行高深者甚至能够用意念将运送玩家的飞机炸毁，自己直接“吃鸡”。外挂的横行一度严重影响了《绝地求生》的平衡性，幸好在蓝洞工作室和腾讯公司的努力下，这种情况有所改善。

《绝地求生》火爆之后，类似的“吃鸡”游戏不断出现，比如增加了建设元素的《堡垒之夜》，还有手机平台上的《和平精英》《刺激战场》等。相对于电脑平台，手机游戏的外挂要少一些，游戏环境相对来说更“干净”，不过想要玩得舒服，一款性能够强的大屏手机是非常必要的，毕竟屏幕太小你连敌人在哪里都看不到。

“吃鸡”类游戏就是为了竞技而生，每款游戏都有自己的赛事系统，不过目前被大型电子竞技比赛列为比赛项目的只有《绝地求生》和《堡垒之夜》，将来会不会有新的此类游戏加入，我们拭目以待。

10 体育的精神

◇ ……………………

在国内，体育类型的电子游戏一直不温不火，玩家群体数量有限，不过在国外特别是欧美地区，体育游戏却受到了广大玩家的热烈追捧，许多体育类游戏都拥有自己忠实的粉丝。

“传中、单刀、射门，球进啦！”

毫无疑问，足球是全世界最受关注的运动项目之一，相关的电子游戏同样也很受欢迎。足球游戏一般可以分为两类，一类是扮演球队经理人角色的模拟经营类游戏，一类是控制球员在赛场上纵横驰骋的操作类足球游戏。操作类的足球游戏的规则和真正的足球比赛类似，非常适合作为电子竞技的比赛项目，在很多世界规模的电子竞技大赛上都能看到它们的身影。

足球游戏的历史可以追溯到雅达利游戏机时代，最早出现在该平台的足球游戏是1979年的《北美足球联赛》，后来还出现了《贝利的足球》《超级足球》等游戏，其中《贝利的足球》请到了当时如日中天的“球王”贝利作为代言人，掀起了一场足球游戏的热潮。现在看来，当时的游戏画面已经不能用“简陋”来形容，完全就是“惨不忍睹”，场上的运动员都是火柴棍似的小人，动作呆板而僵硬，他们追逐的足球只是一个闪烁的亮点。不过即使这样，仍然无法阻止当时的电子游戏玩家们对足球游戏的热情。

1985 年，一款名叫 Soccer 的足球游戏在当时风靡一时的任天堂红白机上发布，这是该平台上的第一款足球游戏，后来随着任天堂红白机一同进入国内，成为国内玩家最早接触到的足球游戏之一。相比之前平台的足球游戏，Soccer 的画面有了很大的进步，场上的球员看起来已经隐约有了“人形”，操作也更加流畅，受到了不少玩家的追捧。

随后的几年，各个游戏平台上陆续推出了许多足球游戏，其中不乏《热血足球》《天使之翼》等精品。此时的足球游戏已经拥有了一定的对抗性，两位玩家可以在同一台游戏机上进行对战，许多“80 后”都应该有和小伙伴在小霸王学习机上玩足球游戏的记忆。

《FIFA 国际足球》系列是最经典的足球游戏之一，该系列诞生于 1993 年。当时由于 1994 年的足球世界杯将在美国举行，美国国内掀起了一阵足球热潮。美国的艺电公司（Electronic Arts，简称 EA）嗅到了其中的商机，向国际足联购买了游戏版权，因为国际足联的简称是“FIFA”，所以这款游戏就被命名为《FIFA 国际足球》，后来为了能够与后续的作品统一，这款游戏也被玩家们亲切地称呼为 FIFA 94。

《FIFA 国际足球》

FIFA 94 首次在足球游戏中采用了斜45度视角，游戏画面在当时足以令人惊艳，除此之外，电脑球员的智能大大提升，与玩家的配合更加默契，再加上流畅的操作和真实的音效，极大地提升了游戏的可玩性和操作的爽快程度。

在种种因素的作用下，FIFA 94 一经推出就大受欢迎，让 EA 公司赚得盆满钵满。尝到甜头的 EA 公司和国际足联签订了长期的合作协议，从1994年开始每年推出一部 FIFA 足球游戏。由于有了国际足联版权的加持，FIFA 96 开始使用真实球员的名字，FIFA 98 则在游戏中重现了包括资格赛在内的世界杯完整赛程，与1998年的法国世界杯完美同步。

这种每年推出一款新游戏的行为，被玩家调侃为“年货”，基本上成功的体育游戏系列都会采用这种发行方式，究其原因，可能是因为现实中的球员、球队、俱乐部的情况每年都会有变动，需要在新的游戏中有所体现，当然更可能是因为开发难度比较低，能够每年卖一次钱，这种好事没有人会拒绝。

随着电脑性能和游戏引擎的不断提升，FIFA 系列的画面一直在不断进步，还加入了球员培养、俱乐部建设等要素，不过球场上的征战永远都是这个系列最核心的玩法，就像是足球本身一样。虽然玩家对这些变化褒贬不一，但是并不影响销量的节节攀升，到了现在，FIFA 系列已经是世界上最赚钱的电子游戏系列之一。

由于 FIFA 系列游戏具有很强的竞技性，吸引了很多职业电子竞技选手投身其中，在世界电子竞技大赛（WCG）的赛场上，FIFA 系列一直都作为正式比赛项目出现。2017年，腾讯电竞宣布联合 FIFA Online 3 启动由8家中超俱乐部参加的中国足球电竞联赛（Chinese Esports Football League，简称 CEFL），受到了广大足球游戏玩家的热烈响应，报名者在短时间内就超过万人，并得到了32家品牌赞助商的支持。在腾讯公司的支持下，相信 FIFA 系列将在电子竞技领域取得更大的进步。

足球游戏的数量很多，不过能与 FIFA 系列相提并论的足球游戏系列只有一个，那就是由日本科乐美公司打造的《实况足球》系列，也被称作《胜利十一人》系列。与强调游戏操作爽快感的

FIFA系列不同，《实况足球》强调的是对足球比赛进行最大限度的还原，让玩家可以在屏幕上体验到在真实球场的感觉。

《实况足球》

1995 年，科乐美公司在超级任天堂（SFC）游戏机平台上推出了旗下的第一款足球游戏《J 联盟实况胜利十一人》，这是《实况足球》系列的第一部作品，采用了 3D 建模的方式进行画面渲染，不过受限于当时 SFC 游戏主机拙劣的 3D 的性能，该游戏的画面效果并不算出色。

1998 年的《实况足球 3》转战索尼的 Play Station（PS）平台，该游戏依托 PS 强大的图形性能，在画面上有了很大的提升，游戏节奏也变得更加流畅，并且进一步调整了游戏中球员的能力，使其与现实中对应球员的能力更加接近。游戏的系统也做出了一系列的改变，玩家想要获胜，不仅需要优秀的一对一技巧，还需要纵观整个赛场的大局观，这些改动让游戏的总体质量有了极大的提升，开始被广大玩家接受，甚至有很多足球游戏玩家认为《实况足球 3》已经超越了同时期的 FIFA 系列成为最好玩的足球游戏。

和 FIFA 系列一样，《实况足球》也是每年推出一款新游戏，不过由于《实况足球》一直是运行在 PS、PS2 等家用游戏机平台上，而这些游戏机在国内一直没有正式发售过，再加上《实况足球》系列的背景基本上都是以日本的足球联赛为模板，配音、菜单、字幕等也是以日文为主，对于国内玩家来说缺乏亲和力，远远比不上可能会有中国队登场的 FIFA 系列，所以《实况足球》系列在国内一直是小众游戏，影响力远远比不上 FIFA 系列。直到《实况足球》推出了国际版 Pro Evolution Soccer，并且移植到 PC 平台之后，这种情况才逐渐改善。

为了进一步提升《实况足球》的热度，科乐美公司在 2017 年举办了第一场世界规模的《实况足球》电子竞技大赛，所有的《实况足球》玩家都可以通过游戏中的电子竞技专用模式报名参加，赛事得到了日本电子竞技联盟的认证，冠军的奖金高达 20 万美元。在 2019 年的第四届世界电子竞技运动会（WESG）上，《实况足球 2019》被列为正式的比赛项目。

现在，《实况足球》系列已经成为最受欢迎的足球游戏之一，至于《实况足球》系列和 FIFA 系列哪个更好玩，这就是一件见仁见智的事情了。

在全世界范围内，篮球的热度仅次于足球，同样是最受欢迎的运动之一，最著名的篮球赛事毫无疑问当属美国职业篮球联赛（NBA），不少篮球游戏都以其为背景，其中最著名的是 NBA LIVE 和 NBA 2K 两个系列。

篮球游戏

NBA LIVE 系列游戏和 FIFA 系列一样是由 EA 公司制作发行的，该系列的第一部作品是 1994 年在 SFC 平台推出的 NBA 95，随后又在 1995 年移植到了电脑平台。这款游戏的画面在现在看来已经有些简陋，不过在当时已经算是比较优秀了，一经发售就成为当时最受欢迎的篮球游戏。

随后 EA 每年都会推出一部 NBA LIVE 系列游戏，并且会邀请一位 NBA 球星作为封面人物，“大鲨鱼”奥尼尔、蒂姆·邓肯、贾森·基德等 NBA 篮球巨星都曾登上过 NBA LIVE 游戏的封面。

在 2000 年之前，篮球游戏领域基本上是 NBA LIVE 系列一家独大，直到 1999 年世嘉公司在其 Dreamcast 游戏机上推出了 NBA 2K。凭借 Dreamcast 主机的优秀性能，NBA 2K 的画面效果令人惊艳，和 NBA LIVE 不同的拟真玩法也让玩家眼前一亮，从一出现就已经具备了向 NBA LIVE 系列挑战的能力。

为了挑战 NBA LIVE 这个强大的对手，NBA 2K 同样采取了“年货”的策略，每年都会发行新游戏。由于 Dreamcast 运营失败，世嘉从硬件平台转向软件业务，从 NBA 2K3 开始就从 Dreamcast 转移到 PS2 等平台。2005 年，NBA 2K 的版权及其开发工作室被美国的 Take-Two Interactive 公司买走，随后重新整合成“2K Games”，并在同一年推出了 NBA 2K6，同时对游戏的操作进行了不少的改进，球员在场上的动作也更加真实流畅，画面和游戏性都超越了同时期的 NBA LIVE，成为当时最受欢迎的篮球游戏。也就是从这时候开始，NBA 2K 奠定了自己在篮球游戏领域中的霸主地位。

经过多年的发展，NBA 2K 已经成为篮球游戏的代表，不断攀登着篮球游戏的高峰，未来将会给玩家带来更多的惊喜。

NBA 2K 系列一直具有很强的竞技性，在美国国内有许多大大小小的赛事，其中就包括 NBA 官方投资主办的电子竞技比赛，这项“电竞 NBA”甚至拥有自己的联赛和选秀机制，已经成为 NBA 联赛的一个组成部分。

2011 年，NBA 2K 系列的分支 NBA 2K Online 发布，除了经典的赛场模式之外，还支持五名玩家组成一支篮球队参赛，竞技性得到了进一步提高，因此受到了许多电子竞技玩家的追捧。

2018 年，NBA 2K Online2 由腾讯公司代理进入国内，让中国玩家可以方便地体验到这款篮球游戏的魅力，同时可以参加游戏内的联赛，与其他高手同场竞技，甚至加入职业电子竞技选手的行列。

橄榄球也叫美式足球，在美国是一项可以与篮球媲美的国民运动，最著名的橄榄球电子游戏是《麦登橄榄球》，出品方同样是 EA，同样是“年货”游戏，自从 1988 年推出第一代以来，该系列游戏已经卖出了超过 1.3 亿套，在美国拥有数量巨大的玩家，甚至拥有和职业联赛类似的电子竞技比赛。不过对于中国玩家来说，很多人连橄榄球的规则都搞不清楚，更别说去玩相关的游戏了，国内的电子竞技比赛中几乎从没有出现过《麦登橄榄球》的身影。

《麦登橄榄球》

赛车同样是很受欢迎的运动之一，赛车游戏在电子游戏中占据了很重要的位置，早在红白机时代就出现了《公路赛车》这样的经典赛车游戏，后来出现了《极品飞车》《山脊赛车》《GT 赛车》等一系列令人耳熟能详的优秀赛车游戏。赛车游戏的电子竞技起步比较早，早在 2000 年左右就已经有了与《极品飞车》相关的赛事，而且从 2004 年到 2008 年该游戏都是 WCG 的正式比赛项目。

不过此时的赛车游戏存在许多问题，特别是在控制器方面，键盘和鼠标无法对赛车进行足够精细的操作，而普通的方向盘控制器也远远无法达到竞技比赛所需的精度。在随后的发展中，赛车游戏逐渐偏向娱乐化，与职业化的电子竞技渐行渐远，即使仍有相关的比赛，规模和影响力也都很有限。

随着电子竞技的迅速发展，一级方程式赛车（F1）、国际汽车联合会等拥有极大影响力的组织也开始把注意力投入这一领域，在他们的推动下，赛车重新成为电子竞技领域的热点之一。

赛车电子竞技的发展方向是模拟真实赛车。以 F1 授权开发的 F1 游戏为例，这款游戏配备了与赛车驾驶舱类似的专业控制模拟器，不但游戏画面极其真实，还完美地还原了驾驶过程中的身体触感，游戏中的紧张刺激和驾驶真正的 F1 赛车如出一辙。这款游戏能让普通人体会到专业赛车手才能体验到的飞驰快感，却不需要和他们一样冒生命危险，这对很多人都有强大的吸引力，也是赛车游戏的魅力所在。

赛车游戏

除了以上几类体育项目电子游戏之外，还有比如排球、乒乓球、网球、台球等项目都在电子游戏化上做过尝试，也诞生了许多经典的游戏，但是在电子竞技领域并没有多少影响力。不过体育拼搏、向上的精神与电子竞技本身完全一致，随着电子竞技的飞速发展，可以预见将来会有更多的体育项目加入其中。

扫码获取

☆电竞事记

☆赛事回顾

☆选手故事

11 强者的呼喊

◇

“格斗”拥有悠久的历史，讲究人与人之间的对抗，比如散打、拳击、武术都可以算是格斗。从某种意义上来说，格斗可以归类为体育运动的一种，不过相比其他运动，格斗所传递的信息更加暴力，也更让人热血沸腾。

格斗游戏从动作游戏中衍生而来，玩家的目标不再是杀敌通关，而是与对手在一处“格斗场地”内进行一对一或多对多的厮杀，并最终取得胜利。

说起格斗游戏的鼻祖，应该算是科乐美公司 1985 年发布的《功夫》，这款游戏以著名的功夫大师李小龙为原型，讲述了一个功夫高手惩恶扬善的故事。因为《功夫》没有双人对抗模式，玩家所能做的只是挑战电脑控制的敌人，所以从某种意义上来说，《功夫》并不是真正的格斗游戏，不过它的游戏模式和操作方式在当时看来非常独特，为后来的格斗游戏奠定了基础。

1987 年 7 月，一款名为《街头霸王》的游戏开始出现在日本大大小小的街机厅，这款游戏由日本的卡普空公司（CAPCOM）制作，是第一款真正意义上的格斗游戏，不过此时并没有出现这个名词。虽然现在看来这款游戏的画面比较粗糙，人物动作也比较僵硬，但和《功夫》相比已经有了巨大的进步，还出现了包括必杀

《功夫》

技、轻重拳、防御、体力槽、时间限制等元素，并且支持双人对战，这些元素使得格斗游戏和动作游戏有了显著的区别，逐渐成了格斗游戏的标签，直到今天还在被使用着。《街头霸王》系列最重要的两位主角“隆”和“肯”也是在这部游戏里首次登场，开始了他们纠缠不清的宿命人生。

在 1991 年《街头霸王 2》推出的同时，卡普空公司乘势提出了“格斗游戏”（Fight Technology Game，简称 FTG）这一概念，该称呼很快被玩家们接受，从此成为此类游戏的正式名称。

毫无疑问，《街头霸王 2》是一款经典的游戏，甚至说是“伟大”也不为过。这款游戏在画面和音效上的表现令人惊艳，战斗的动作非常流畅，操纵方式也进行了改进，将拳、脚的攻击都分成了“轻、中、重”三档，共有六个攻击键，让玩家可以根据不同的情况选择不同的攻击模式，极大地增加了战斗的可能性。玩家可以在多位人物中选择一个进行游戏，每个角色都拥有自己独特的招式、攻击范围和必杀技，想要不断取得胜利就要充分掌握所有角色的特性。战胜电脑控制的角色已经是一件很困难的事情了，不过《街头霸王 2》的精髓却是在玩家之间的对抗上。当一位玩家与电脑角色战斗的时候，另一位玩家可以随时投币发起挑战，接下来就是玩家之间的战斗，想要获得胜利，全靠高超的操作水平和对双方角色的了解。

在当时的街机厅，《街头霸王 2》是最受欢迎的游戏，每台机器前都围满了观战的人群。双人对战是《街头霸王 2》最受欢迎的玩法，常有自诩为高手的家伙对正在游戏的玩家发起挑战，当然也有不少游戏结束之后“意犹未尽”演变成“真人格斗”的情况。街机厅的老板对这款游戏是又爱又恨，爱的是它极高的人气以及飞快地“吃币”速度，因为每次挑战都需要投币，而且对战时间一般都很短暂；恨的是玩家们在激动之下有意或无意的粗暴操作，让《街头霸王 2》成为损坏街机最快的游戏。为了吸引人气，街机厅的老板经常会举办《街头霸王 2》的比赛，虽然奖品可能只是几枚游戏币，但只是“比赛”这一活动本身已经足以调动玩家们如火的热情，现在想来，这些都成为一些人年少时的美好回忆。

《街头霸王 2》取得的巨大成功让卡普空公司赚得盆满钵满，后续该公司又开发了一系列“街霸”作品，比如《超级街头霸王》《街头霸王 ZERO》等系列，以及数不胜数的重制版、改良版、升级版、移植版、外传、资料片之类的作品，可以说其影响力已经远远超出了游戏的范畴，成为一种文化现象，连日本警方的招募广告都曾经用《街头霸王》中的人物隆和春丽作为代言人。

另一个著名的格斗游戏系列是《拳皇》（The King of Fighters，简称 KOF），也叫作《格斗之王》，由日本著名的 SNK 公司制作，于 1994 年发布了第一部作品 KOF 94，原本只是该公司之前多部作品的角色大乱斗，没想到却一炮而红。KOF 系列最大的特点是玩家可以任意选择 3 位角色组成小队，与对手的格斗小队对抗，不过战斗时仍然是 1 对 1，当前角色被击败后下一名角色才会登场。这种小队作战的形式让游戏的时间大大延长，也让战斗有了更多的变化，极大地增加了游戏性，再加上游戏的优秀品质，很快就受到了玩家们的追捧。KOF 94 成功后，SNK 公司开始把这个系列打造成“年货”，其中在国内街机厅里最著名的是 KOF 96、KOF 97、KOF 98三部作品，其人气远远超过了同时期的《街头霸王》系列游戏，主角草薙京和八神庵也成为许多孩子心目中的英雄和偶像。

《拳皇》

与《街头霸王》系列相比，《拳皇》系列的发展并不太好，“年货”这种高强度的发行方式也许适合体育游戏，但对于一个格斗游戏系列来说显然有些吃力，游戏的质量不但没有提高，反而因为赶工导致质量下降，这一点在 KOF 2001 中表现得特别明显，当然也跟此时的 SNK 公司已经举步维艰、濒临破产有关。

随着 SNK 公司在 2001 年破产合并，KOF 系列一度陷入沉寂，许多年没有真正的新作问世，直到 2010 年，《拳皇 8》才在街机上发布，随后 2017 年的《拳皇 14》则登陆了 PS4 平台，不过影响力已经大不如前。随着街机厅的没落和消亡，现在玩家想要重温 KOF 只能在模拟器上实现了，不过即使如此，很多狂热的 KOF 爱好者仍然会继续组织比赛，只为证明谁才是真正的“格斗之王”。

《侍魂》系列同样是由 SNK 公司出品的格斗游戏，其特色是所有角色都装备了刀剑，也就是所谓的“器械格斗”，强调招架、反弹等特殊的格斗技巧，还引入了多层战场的概念，这些特点被后续的很多经典格斗游戏继承，比如著名的《罪恶装备》系列。在 SNK 公司破产合并之后，《侍魂》系列同样陷入沉寂，不过在 2019 年，

《侍魂：晓》的发布使这个经典的格斗游戏重新复活。

随着游戏机和电脑性能的提升，3D化的格斗游戏开始出现。这里的3D化不仅指游戏的画面，还指作为格斗场地的三维空间。与之前的2D格斗游戏相比，3D格斗游戏在闪躲、攻击等方面有更多的选择，可以通过绕到侧面或者背后的方式避开对方的防御，这使得战斗方式更加多变。

最早的3D格斗游戏是《VR战士》，1993年由世嘉公司在街机上推出，随后移植到世嘉的次时代游戏主机“土星”上，作为展示该游戏机性能的代表游戏，仅凭这一点就足见这款游戏的优秀。作为3D格斗游戏的始祖，《VR战士》为玩家提供了极强的临场体验，真正的三维场地、流畅的动作画面，这让其大受好评，独创性的压制技和起身技让战斗的选择更加丰富，很快就受到了广大玩家的追捧。随后《VR战士》系列推出了多部作品，其中土星平台的《VR战士2》销量超过130万份，成为当时该平台最受欢迎的游戏之一。《VR战士3》在拳、脚、防御这三个键位之外增加了回避键，使得玩家在格斗中有了更多的选择。

《VR战士》

由于土星平台的失败，《VR 战士 4》登陆了世嘉的宿敌——索尼的 PS2 平台，成为首个在非世嘉平台上发布的《VR 战士》游戏，得益于 PS2 的强大功能，《VR 战士 4》的画面得到了很大的提升。

2006 年，《VR 战士 5：最终对决》在街机、PS3 和 XBox 平台上发售，这是《VR 战士》系列推出的最后一款游戏。为什么停止《VR 战士》系列的开发，世嘉公司并没有给出明确的说法，不过很多人都认为是资金压力造成的。

什么时候会有《VR 战士 6》？这是该系列的忠实玩家最想知道的。

另一个著名的 3D 格斗游戏系列是日本南梦空公司（Namco）推出的《铁拳》系列，该公司于 1994 年发布街机版本第一代《铁拳》，和《VR 战士》系列平分秋色。

和《VR 战士》偏向现实格斗的风格不同，《铁拳》系列更偏向幻想风格，角色的设计更加大胆前卫，招式的效果也更加华丽，多边形贴图和光源的处理能力也要强于同时期的《VR 战士》系列。《铁拳》系列的操作借鉴了 2D 格斗游戏的形式，比如防御是将摇杆向后拉，不像《VR 战士》系列一样需要单独按下防御键，攻击时的按键组合也比较简单，虽然对于高手来说少了一些挑战，但极大地降低了游戏的门槛。

这两个系列的拥趸都认为自己喜欢的系列才是最好的格斗游戏，在这里不多做评价，有兴趣的玩家可以把这两款游戏都找来体验一下，看看哪一款才是自己心中的“白月光”。不过从游戏系列的寿命来说，2017 年《铁拳》系列推出了该系列的最新作《铁拳 7》，相比从 2006 年之后就没有新作的《VR 战士》系列来说显然已经取得了某种程度上的胜利。

除了以上提到的游戏之外，还有许多著名的格斗游戏，比如以美女角色和性感服装为卖点的《死或生》系列，以极端血腥暴力著称的《真人快打》系列，以华丽的必杀、超必杀闻名的《罪恶装备》系列，以 3D 刀剑格斗为人熟知的《灵魂能力》系列，以任天堂全明星阵容助阵的《任天堂明星大乱斗》等。

对于玩家来说，能够玩到更多更优秀的游戏是一件好事，但对于电子竞技来说却是有利有弊，因为数量庞大的游戏让玩家群体相对分散，在同一个游戏上消耗的时间减少，这就阻碍了玩家游戏水平的提升，减小了游戏高手和职业电竞选手产生的可能性。

格斗游戏具有天然的对抗性，而且拥有很大的玩家基础，因此非常适合作为电子竞技比赛的项目，在早期的电子竞技比赛中经常能见到格斗游戏的身影。早在 1996 年，美国的加利福尼亚州就曾经举办了名为“Battle by the Bay”的格斗游戏比赛，当时的竞赛项目就是经典的《街头霸王 2》。

由于格斗游戏的制作公司集中在日本，所以日本国内的格斗游戏比赛非常多，其中最著名的就是名为“斗剧”的电子格斗比赛，由日本著名的游戏杂志 *ARCADIA* 主办，卡普空、SNK 等著名的格斗游戏制作公司都是“斗剧”的主要赞助商。

第一届“斗剧”于 2002 年 12 月举办，比赛项目包括《街头霸王 3》《超级街头霸王 2》《拳皇 2002》《罪恶装备》《剑灵》等，一经开赛就受到了全球玩家的瞩目，很快就成为世界上最著名的格斗游戏大赛之一。

除了有日本的格斗游戏高手报名参赛之外，“斗剧”还以“外卡”的形式为海外玩家提供参赛名额，这使其聚集了世界上最顶尖的格斗游戏玩家，成为一场名副其实的“世界比武大会”。

2004 年，中国玩家首次漂洋过海登上了“斗剧”的舞台，并在 2007 年实现了“零突破”，来自中国的著名格斗游戏玩家“小孩”在 KOF 98 项目上首夺冠军，成为第一个夺得“斗剧”比赛冠军的中国人。

2013 年，官方宣布“斗剧”停办，“斗剧”从此落下了帷幕。究其原因，跟日本电子游戏产业的衰落有直接的关系，当时著名的日本格斗游戏制作公司比如 SNK、卡普空等都陷入了经营危机，已经拿不出或者不想拿出钱来举办如此规模的电子竞技大赛了。

随着“斗剧”的停办，日本的电子竞技也进入低谷，但是在世界其他地方，格斗游戏比赛仍然如火如荼地进行着，比如之前提到过的“Battle by the Bay”改名为“北美格斗游戏大赛”，直到今天都是世界最著名的格斗游戏盛会。

12 卡牌的智慧

◇ ……………………

棋牌类游戏的历史非常悠久，在世界各地都有种类繁多的此类游戏，范围非常广，我们常玩的扑克、麻将、象棋、跳棋都可以看作棋牌游戏的一种，将其规则转化为电子游戏，也就成了棋牌类电子游戏。

很多棋牌类游戏本身就是很好的竞技项目，比如桥牌、德州扑克、围棋、国际象棋等都是世界公认的竞技项目，有世界规模的竞技大赛，而且奖金十分丰厚。除此之外，很多地域性的棋牌类游戏也有自己的竞技比赛。棋牌类游戏的电子化使得举办棋牌类的比赛更加方便，所以现在许多此类的比赛都已经搬到线上进行，不过在决赛的时候，玩家们还是倾向于用真正的棋牌面对面地决胜负。虽然也有人将其归于电子竞技范畴，不过从某种意义上来说，此类棋牌游戏仍然属于传统体育竞技的范畴，所以这里就不多做介绍。

卡牌类游戏一般指的是具有“集换卡”功能的牌类游戏，所以也叫“集换式卡牌游戏”（Trading Card Game）。这种游戏的玩家需要通过购买或者交换得到各种卡牌，然后编成自己的卡组，使用卡组与对手进行对战，游戏中非常讲究策略和战术，其中有些与专业的战棋类策略游戏相比毫不逊色。

《万智牌》是由威世智公司在1993年推出的集换式卡牌游戏，

其以西方神话传说为背景，是世界上公认的第一款规则完备的集换式卡牌游戏，也是最受欢迎的卡牌类游戏之一。

《万智牌》

玩家在《万智牌》中扮演名为“鹏洛客”的强大法师，以手中的纸牌为武器与其他鹏洛客进行战斗，胜利者获得荣耀，失败者颜面扫地。

想要成为鹏洛客，首先要有卡牌，卡牌是鹏洛客的武器、铠甲和魔法，也是随从、伙伴和伴侣。想要得到卡牌最简单的办法是购买《万智牌》“补充包”，每个补充包里有16张卡牌，其中包含11张普通牌、3张非普通牌、1张稀有牌或者秘稀牌、1张衍生物牌或规则小贴士，如果运气爆棚的话，还可以在里面找到一张特别的“闪卡”。稀有度越高，卡牌的能力就越强。所以，想要更强的卡牌只能花钱买更多的补充包。当然，也可以选择从其他鹏洛客那里购买，不过价格同样十分“美丽”，有些极为稀有的卡牌售价超乎想象，一张早期版本的“黑莲花”卡甚至卖到了16万美元的天价。

《万智牌》的卡牌分为地、生物、神器、结界、鹏洛客、法术、瞬间、部族等类别，每一类都有自己独特的作用。

有了足够的卡牌之后，鹏洛客可以从中挑选喜欢的卡牌组成卡组，然后就可以和其他鹏洛客进行对战了。《万智牌》的对战规则极为复杂，其完整的规则书有214页，24万字，已经堪比一本中篇小说了。不过普通的对战用不到这么复杂的规则，简单来说，每个鹏洛客初始都有20点“血量”，使用召唤物或者魔法进行攻击可以削减对手或者其召唤物一定的血量，在确保自身存活的基础上，将对手的血量降至0点，或者让对手无牌可用，都可以获得胜利。

《万智牌》在全球范围内有很多爱好者，也有许多世界规模的比赛，如万智牌世界杯、万智牌个人冠军赛、万智牌世界冠军赛等，还有大奖赛、专业赛、国家资格系列赛等一系列的比赛。

在这个网络主宰一切的时代，《万智牌》也推出了自己的网络版卡牌游戏——《万智牌：竞技场》，规则与线下的《万智牌》基本相同，在国内由腾讯代理。有《万智牌》这块金字招牌在，《万智牌：竞技场》的游戏质量和竞技性都是有保证的，不过想要玩得好，“氪金”大概是少不了的，在腾讯的推动下，将来肯定会有相关的电子竞技赛事。

《游戏王OCG》是日本科乐美游戏公司1999年推出的集换式卡牌游戏，来自漫画《游戏王》中登场的卡牌游戏《魔法与巫师卡》，由于漫画在日本国内拥有极高的人气，这款卡牌游戏一经推出就受到了玩家的热捧，随后2000年播出的动画更是让其热度达到了惊人的高度，最终让《游戏王OCG》成为世界上销量最高的集换式卡牌游戏，这一纪录还得到了吉尼斯的认证。

和《万智牌》的西方神话背景不同，《游戏王OCG》的背景更加包罗万象，日本、中国、埃及、印度等各个神话体系都有涉及。

《游戏王OCG》卡片大体上可以分为怪兽卡、魔法卡和陷阱卡三类。怪兽卡与《万智牌》的“生物”卡牌类似，不同的召唤怪兽拥有不同的能力，包括攻击、防御、治疗等；魔法卡能够提供多种效果，不过并不能直接攻击对手；陷阱卡一般是在一定条件下发动，带来某些特殊的效果。总的来说，《游戏王OCG》的玩法比《万智牌》要简单一些，不过对于新手来说仍然具有很高的上手难度。

《游戏王 OCG》

和《万智牌》一样，《游戏王 OCG》也有多项竞技赛事，包括游戏王世界巡回锦标赛、游戏王世界大赛、游戏王亚洲锦标赛等都是很受关注的大型赛事。

《游戏王 OCG》在 GB、NDS、PC、PS 等上都发行过相关的电子游戏，都取得了不错的销量，还开发了《游戏王：决斗之城》《游戏王：决斗链接》等网络游戏，让玩家可以通过网络进行对战，同样取得了不错的成绩。

与《万智牌》和《游戏王 OCG》比起来，暴雪娱乐公司开发的《炉石传说：魔兽英雄传》是个另类。首先，《炉石传说》并不是从实体卡牌游戏“电子化”而来，而是直接推出的电子游戏；其次，相比其他的集换式卡牌游戏，《炉石传说》的规则相对简单，大量的计算都由电脑自动完成，极大地减轻了玩家的负担，也更加公平。

《炉石传说》的游戏背景来自暴雪娱乐公司最成功的《魔兽世界》系列游戏，在诞生之前就受到了极大的关注，发售之后也再次证明“暴雪出品必属精品”这句话所言不虚。

职业英雄的设定是《炉石传说》的一大特色，目前游戏中共有九位英雄，代表了《魔兽世界》中的九大职业，每个英雄都有自己独特的技能，玩家需要从中选择一位代表自己上阵，并根据英雄的特性和手中的卡牌组建适当的卡组，击败对手取得胜利。

《炉石传说》

《炉石传说》中的卡牌分为随从卡、法术卡、武器卡、英雄卡四种，使用卡牌需要耗费一定的法力值。玩家的法力值在初始时都是2点，每轮会增加1点法力值，并将法力值回满，法力值最高能达到10点。

随从卡可以召唤一位随从到场上为己方作战，随从拥有自己的血量和攻击力，大部分都有一定的特殊效果，当随从的血量降到0点或以下时，这个随从就会被消灭。

法术卡可以让英雄使用法术，法术可以对敌人造成伤害，或者产生特殊效果，比如把敌人变成一头肥羊。这些法术都有特殊的动画效果，看起来非常华丽。

武器卡可以为英雄装备武器，使英雄在自己的回合获得武器的攻击力，并可以选择发起攻击，装备的武器有使用次数的限制，被称为“耐久”，每次攻击会消耗1点耐久，耐久降至0，武器就会消失。

英雄卡使用后将替换玩家当前使用的英雄并重置技能，同时获得一定的护甲，这种替换不会改变玩家拥有的生命值。

根据卡牌的获取方式和稀有度，可以分为基本级卡牌与专家级卡牌，专家级卡牌又分为普通、稀有、史诗、传说四个等级。

《炉石传说》的游戏模式分为对战模式、冒险模式、竞技模式、乱斗模式四种。其中比较有特色的是冒险模式，玩家可以在《魔兽世界》中的著名地区里展开一系列冒险，打败强大的敌人并取得丰厚奖励。

优秀的游戏品质和公平的竞技环境让《炉石传说》成为最受欢迎的卡牌类电子竞技项目，除了在全球各大电子竞技赛事上可以看到它的身影之外，暴雪娱乐公司还为《炉石传说》打造了独有的赛事体系，这个体系由《炉石传说》大师预选赛、《炉石传说》大师巡回赛和《炉石传说》特级大师赛构成，整个体系的奖金超过400万美元。除此之外，中国玩家还可以参加国服特有的黄金系列赛。

《三国杀》是一款以三国为背景的卡牌类游戏，虽然并不是集换式卡牌游戏而更接近“桌面游戏”，却在很多方面都有自己的独到之处。该游戏最早是由中国传媒大学动画学院2004级游戏专业学生设立，出版发行之后受到了许多玩家的追捧，并在2009年改编为网络游戏。

《三国杀》

和其他三国背景的游戏类似，玩家要在《三国杀》中扮演一位三国名将纵横沙场。《三国杀》有身份模式、国战模式、对战模式、统帅三军模式等游戏方式，其中最有特色的当属身份模式。

在身份模式里，玩家在游戏开始之前需要抽取“身份牌”来确定自己的身份，共分为主公、忠臣、反贼、内奸四种，抽到主公的玩家需要翻开身份牌表明身份，其他玩家扮演武将，身份不能泄露。四种身份的玩家有不同的目标：主公的目标是生存到最后取得胜利；忠臣的目标是保护主公生存到最后就可以取得胜利，至于自己是死是活并不重要；反贼的目标是干掉主公取得胜利；内奸的目标是杀死所有的反贼和忠臣，然后再杀死主公取得胜利。由于所有的玩家都可以相互攻击，而玩家的身份只有在死亡之后才会揭晓，所以游戏进行中少不了尔虞我诈、诡计奇谋，也会有赤胆忠心、肝胆相照，正像三国时期的乱世缩影。

确定身份之后，玩家需要抽取自己要扮演的武将，选定武将后，玩家将拥有该武将的血量。这些武将都是《三国演义》中的人物，每一位都拥有独特的武将技能，这些技能大都来自武将的特点或者生平，比如赵云的独有技能“龙胆”是因为刘备称其“一身是胆”，张飞的独有技能“咆哮”出自喝断当阳桥，关羽的独有技能“武圣”则是对他一生的概括。《三国杀》以自己的方式，向玩家展示了一个个鲜活的三国人物和他们的故事。

除了身份牌和武将牌，游戏进行中还要用到基础牌、锦囊牌和装备牌。

游戏中最早有三种基础牌，分别是攻击的“杀”，闪避攻击的“闪”和加血的“桃”，后续版本中又加了“酒”，作用是在非濒死时增加一回合攻击力或在濒死时增加一点血。

锦囊牌就是所谓的“锦囊妙计”，是《三国杀》的特色之一，大概相当于其他卡牌游戏的各种法术，生效之后会产生各种特殊效果，比如“南蛮入侵”是让其他所有玩家打出一张“杀”，否则受到1点伤害，“桃园结义”则是给所有玩家加1点血。正确地使用锦囊牌是获得胜利的关键。

装备牌在玩家装备之后能够获得不同的能力提升，一个玩家只能装备一张武器牌、一张防具牌和两张不同效果的坐骑牌。

玩家的血量降至0或以下，如果不能自救也没有别人救援，即判定为死亡，废弃手中所有的牌并翻开身份牌。如果死亡的是反贼，场上所有人立即摸3张牌，如果是主公杀死了忠臣，主公需要立刻放弃所有手牌和已装备的牌。主公死亡则游戏结束，此时如果还有反贼活着，就是反贼胜利，如果奸臣活着且场上仅剩奸臣，则是奸臣胜利。所有反贼和内奸都死亡，则是主公和忠臣胜利。

《三国杀》在国内拥有很多热情的爱好者，改编成网络游戏之后更是风靡一时，全国各地都组建了竞技俱乐部，在国内线上线下都有相关的电子竞技赛事。希望有一天《三国杀》能够走出国门登上世界电子竞技大赛的舞台，让世界上更多的人了解三国文化。

随着电子游戏的不断发展，卡牌游戏开始与其他类型游戏进行结合，产生了新的游戏类型，比如《部落冲突》就是卡牌游戏与即时战略游戏结合的产物，相信在未来电子竞技比赛的舞台上还会见到更多此类游戏。

扫码获取

☆ 电竞事记

☆ 赛事回顾

☆ 选手故事

13 模糊的边际

◇ ……………………

和普通的网络游戏相比，电子竞技游戏最大的特点就是更强调玩家的技术和意识，而不是去追求虚拟世界中更强大的装备和更高的等级，这一点与网络游戏完全不同，后者强调练级、打装备才能变得更强大。不过随着电子竞技游戏和网络游戏的不断发展，两者之间的界限也开始变得模糊。

《魔兽世界》是最受欢迎也是最成功的网络游戏之一，从诞生之初就一直在强调玩家与玩家之间的对抗，联盟和部落这两大阵营的玩家之间可以几乎不受限制地互相攻击，大大小小的战斗在野外随时都可能爆发，不过这些战斗大都没有公平可言。满级玩家手持橙装神器去屠杀敌对阵营的新手村，几十个玩家组团“守尸”一个敌对阵营玩家，或者趁着夜深人静拉起几百人的大队伍杀入对方的主城……这些玩法虽然并不违规，而且还被很多人认为“很有趣”，甚至成为《魔兽世界》的一大特色，不过跟电子竞技要求的“公平、公正”显然没什么关系。

为了让双方阵营在尽量公平的条件下战斗，《魔兽世界》制作了一个专门供双方玩家们进行团队对抗的特殊副本——战场。早期的《魔兽世界》开放了战歌峡谷、阿拉希盆地、奥克兰特山谷三个战场，后来又陆续开放了风暴之眼、征服之岛、远古海滩、吉尔尼斯之战、双子峰、碎银矿脉、寇魔古寺、深风峡谷、冬拥湖、托尔巴拉德、阿什兰、永恒岛等战场，为了保证战斗的公平，每一个战场都有着严格的人数与等级限制，玩家可以在战场入口外或各大主城的战场军官处报名，系统会根据报名的人数来组织双方的队伍。

《魔兽世界》战场

战歌峡谷双方阵营的队伍各有 8 ~ 10 人，10 级以上的玩家就可以参加。想要在这个战场获取胜利，就要把对方堡垒里的旗子带回己方堡垒，玩家可以组队强攻夺旗，也可以悄悄溜进去把旗子偷出来，相比之下，杀死多少敌人反而变得并不太重要。为了对低等级的玩家相对公平，战歌峡谷的玩家每 10 级分为一档，在战斗中不会遇到其他档次的玩家。

阿拉希盆地的双方阵营各有 12 ~ 15 人，参与的玩家最低需要达到 20 级，同样 10 级分为一档。这个战场的主题是资源争夺，双方占领副本内的资源点后可以获得资源，首先达到规定数量的一方获胜。

奥克兰特山谷的双方阵营各有 20 ~ 40 人，玩家需要达到 50 级才能参加。这是一个巨大的战场，想要获胜，就需要打败敌对阵营强大的首领。

风暴之眼的双方阵营最多有 15 人，玩家至少需要达到 61 级才能参战。战场的目标是争夺四座塔楼和一面战旗，占领塔楼或者把战旗带回己方塔楼都可以获得点数，首先达到 2 000 点的一方获胜。

除了以上几个战场之外，其他的战场也都有不同的规则和获胜条件，每个战场都有自己的“徽章”作为给参战者的奖励，获胜的玩家还将获得“荣誉”，徽章和荣誉都可以用来兑换强大的装备。

战场的战斗基本上是公平的，玩家不会遇到与自己等级相差过大的对手，所以已经具备了一定电子竞技的特性。玩家想要取得胜利，除了提高角色的装备水平，更需要锻炼自身的 PVP（Player VS Player，意为“玩家对抗玩家”）战斗技术，除此之外还必须充分了解每一个战场的规则和获胜条件，并据此制定相应的战略战术。不过由于规则设置的问题，战场的竞技性受到了很大的限制，首先对战的双方必须是对立阵营，其次战场里队伍人数比较多导致大多数玩家无法拥有一个长期而固定的战场团队，更谈不上彼此之间的默契和配合，再次就是“和平刷刷团”的存在。

由于战场内可以没有损失的不断复活，所以如果对战双方水平差不多，战场的战斗就会持续很长时间，除了少数乐在其中的 PK 狂热玩家之外，大多数玩家都是来赚荣誉和徽章用来提升装备的，对于他们来说在战场上获得的收益与付出的时间和精力完全不成正比，于是就有了所谓的“和平刷刷团”，双方约定在战场上互不攻击，其中一方以最快的速度取得胜利，下一场则由另一方取胜，以最短的时间获取最大的收益。

为了弥补战场的种种不足，《魔兽世界》又推出了“竞技场”这一 PVP 形式。

相比战场，竞技场的形式更简单一些，更强调纯粹的战斗。玩家可以组建自己的竞技场战队参与战斗，共有 2V2、3V3、5V5 三种类型的竞技场战队，玩家可以同时加入多个不同类型的战队，但不能同时加入两个同类型战队，比如可以同时加入一个 2V2 战队和一个 5V5 战队，但不能同时加入两个 2V2 战队。每个战队能够容纳的队员数量是上场人数的两倍，比如 2V2 战队可以容纳 4 名玩家，在战斗的间歇可以进行人员的替换。相比公会，竞技场战队的人数比较少，玩家之间的关系也比较紧密和稳定，因为谁也不会和一个不知道以后会不会再上线的路人组建战队，还是知根知底的朋友比较让人放心。

《魔兽世界》竞技场

建好战队之后就可以报名参赛了，系统会自动分配等级相当的对手。进入比赛之后，玩家会被传送到竞技场的准备区域，并清空身上所有的增益魔法效果。由于准备期间使用魔法没有任何消耗，所以可以和队友尽情释放增益魔法。

准备时间结束之后，就要去面对你的对手了，接下来就是一场你死我活的残酷战斗，规则很简单——杀死对方战队的所有队员就可以获得胜利。竞技场中死去的玩家无法复活，不过可以释放灵魂进入“观战状态”。

战斗结束之后，获胜的队伍会获得一定的等级点数，失败的队伍则会扣除一定的等级点数，得到或者失去等级点数的量取决于两队的等级水平，战胜一个高等级的战队获得的等级点数要比战胜一个低等级的战队获得的多得多，输给一个弱队所失去的等级点数比输给一个强队所失去的多得多。这一体系与国际象棋或其他竞技体育的等级体系类似，具体的计算公式非常复杂，一般也没有人会去关心这些细节，打得爽才是最重要的。

每周末，系统会对所有战队的等级点数进行评估，并发放相应的竞技场分数。想要获得竞技场分数，战队在这一周必须参加最少 10 场战斗，其战队成员必须参加其中至少 30% 的战斗才能分配到竞技场分数。竞技场分数可以用来兑换强大的装备，以及其他的竞技场物资。

竞技场引入了与其他竞技体育类似的“赛季”概念，每个赛季会持续几个月，并在每个赛季结束时颁发奖励，为排名靠前的战队成员发放特殊的称号，排名最高的竞技场战队会获得独一无二的丰厚奖励，比如传说级坐骑。另外，竞技场分数兑换的装备也会随着赛季更迭得到提升，以便和游戏更新的装备保持在同一水平线上。

《魔兽世界》的竞技场拥有很强的竞技性，非常考验玩家的个人技术和战队成员之间的配合，对于装备和等级的依赖反而没有那么强，因为只要竞技场打得够多、水平也够高的话，就可以比较容易地兑换到强大的竞技场装备，这是游戏内同时期顶级的装备之一。这些竞技场装备的属性设置极大地倾向于 PK，所以高段位的竞技场队伍成员在竞技场中战斗时穿的都是此类套装，可以在很大程度上拉近玩家之间的装备差距，让竞技场的战斗更加公平。从各个角度来看，《魔兽世界》的竞技场已经具备了电子竞技游戏的特点。

《魔兽世界》世界锦标赛

暴雪娱乐公司也在致力于将《魔兽世界》的竞技场打造成一项电子竞技盛会，每年都会举行竞技场世界锦标赛，从世界各地预选赛中脱颖而出的选手齐聚在暴雪嘉年华的会场上，进行最后的决赛。2018 年总奖金已经达到 28 万美元，2019 年的决赛总奖金提升到 55 万美元。现在《魔兽世界》竞技场世界锦标赛已经成为一项享誉全球的大型电子竞技赛事，吸引着无数优秀的电竞选手投身其中，并且已经开始向职业化进程迈进。

受《魔兽世界》的影响，许多 MMORPG 游戏都增加了战场、竞技场的玩法，比如《剑侠情缘网络版 3》《九阴真经》《逆水寒》等，这些游戏都在电子竞技方面进行过尝试，并且取得了可喜的成果，开始举办有各自特色的电子竞技赛事，不过受限于游戏的影响力和资金的投入，距离职业化还有相当一段距离要走。

另一款比较有代表性的网络游戏是《地下城与勇士》（Dungeon & Fighter，简称 DNF），这是一款 2D 画面的横版动作游戏，2008 年由腾讯引进到国内，很快就成为当时最受欢迎的游戏之一，仅用了半年时间就实现了百万用户同时在线，创造了中国网游史上的纪录。

DNF 竞技

作为一款优秀的动作游戏，DNF 拥有丰富多彩的连招，甚至可以和格斗游戏媲美，也因此非常考验玩家的操作技术和反应能力，特别是在 PVP 中更是如此，这些优势使其具有了电子竞技化的基础。为了提升游戏热度，腾讯公司在 2008 年 8 月举办了“DNF 全国格斗大赛”，在这次比赛中涌现出了一大批优秀的玩家，在游戏中引发了“全民 PK”的热潮。

2009 年，DNF 亚洲争霸赛举办，孙亚龙的黑光剑魂和他行云流水般的连招令人耳目一新。随后 DNF 又作为比赛项目登上了世界电子竞技大赛（WCG）和腾讯电竞运动会（TGA）的舞台。此时的 DNF 作为电子竞技比赛游戏已经比较成熟，并且出现了孙亚龙、仇东升、吴琪等一批知名的职业玩家。

遗憾的是腾讯公司并没有趁这个机会推动 DNF 的职业化，而是采取了放任自流的态度，这样做的后果就是很多职业玩家纷纷转投其他游戏，DNF 的电子竞技水平开始走向衰落。除此之外，DNF 作为一个具有 RPG 性质的网络游戏，角色等级和装备水平对于角色的强弱影响非常大，这一点对于电子竞技来说是很大的缺陷。不过游戏开发商已经注意到这个方面的问题，在玩家的竞技对抗比赛中会对装备带来的效果进行一些调整，从而减少装备差距对比赛结果的影响。

2014 年，腾讯公司开始有意识地推动 DNF 电子竞技职业化，并在当年举办了第一届职业联赛，同时开始组建职业化的 DNF 战队。不过此时诸如《英雄联盟》之类的 MOBA 游戏已经成为电子竞技游戏的主流，聚集了电子竞技领域中绝大多数的人才和资金，留给 DNF 电子竞技的发展空间已经很有限，这极大地限制了 DNF 在电子竞技方面的发展。即便如此，DNF 仍然进行了诸多尝试，努力寻找着属于自己的电子竞技职业化之路，并且已经取得了很好的成果，各项职业联赛也在如火如荼地进行中。

玩家对电子竞技的热情不断提升，越来越多的游戏厂商都开始在游戏中加入竞技类的玩法，比如网易公司旗下的手游《阴阳师》中的“百鬼弈”就是为了竞技而专门开发的玩法。“百鬼弈”中玩家使用的式神是从固定的式神池中选择出来的，式神所佩戴的御魂也由玩家选择，以拉平玩家在式神等级、御魂等方面的差距，让玩家可以专注于战斗本身。由于《阴阳师》的战斗采用回合制，如同棋类对弈一般，所以才叫作“百鬼弈”。以“百鬼弈”的玩法为基础，网易公司在其主办的“NeXT”电子竞技大赛中加入了《阴阳师》宗师斗技赛作为比赛项目，成功地吸引了玩家的注意。除了《阴阳师》之外，网易公司的另一款手机游戏《第五人格》也进行了电子竞技方面的尝试，同样作为比赛项目登上了“NeXT”电子竞技大赛的舞台。

14 电竞有江湖

◇

有句话说得好，有人的地方就有江湖，电子竞技这片领域也可以看作是一个江湖，时刻上演着一幕幕恩怨情仇、爱恨交织的悲喜剧。

各大游戏厂商是江湖规则的缔造者，他们就像是武侠小说中的朝廷，既在江湖之外，又在江湖之中，似乎并不插手江湖的纷争，可是却隐藏在幕后操纵着整个江湖的起起落落。可以说，没有他们就没有电子竞技这片江湖。

就像朝廷中有品阶不同的大小官员，游戏公司也分三六九等，权倾朝野的一品大员跺跺脚就能引起江湖震动，九品芝麻官喊破嗓子也少有人搭理。

提到目前在电子竞技领域最有影响力的游戏公司，首屈一指的应该算是美国的拳头公司，其开发的《英雄联盟》是目前最受欢迎的电子竞技游戏之一；开发《绝地求生》的韩国蓝洞工作室同样不容小觑，在电子竞技这片江湖中拥有莫大的影响力；美国的暴雪娱乐公司是功勋元老，曾经为江湖的兴起立下赫赫功勋，虽然年事已高，但仍然宝刀不老，旗下所属的《魔兽争霸》《星际争霸》《守望先锋》都在江湖上受人追捧；还有其他许多大大小小的游戏公司，都想让自己的游戏在电子竞技这片江湖中占有属于自己的位置。

拳头公司

除了游戏开发商，游戏的代理商也是电子竞技这一江湖的重要建设者，如果没有他们，那些优秀游戏的影响力将要大打折扣。

以腾讯公司为例，拳头公司的《英雄联盟》和蓝洞工作室的《绝地求生》都是由其引进到国内，并对这两款游戏在国内的推广起到了决定性的作用。除了代理游戏之外，腾讯公司还开发了《王者荣耀》，并且举办了全国规模的腾讯电竞大赛，对国内的电子竞技发展起到了很大的推动作用。

腾讯游戏

网易公司则是暴雪娱乐公司在国内的代理商，代理并推广了《星际争霸》《魔兽争霸》《守望先锋》等游戏，网易公司同样在电子竞技领域投入颇多，近些年开始举办“NeXT”电子竞技大赛，大赛的比赛项目都是其旗下的游戏。

除了游戏厂商之外，在电子竞技这片江湖中还有一个重要的组成部分，那就是各国的电子竞技管理机构，比如韩国职业电子竞技协会（KeSPA）、日本电子竞技联盟（JESU）、中国电子竞技运动发展中心（CESPC）等。如果说游戏厂商是电子竞技这一江湖之外的“朝廷”，那么这些由各国政府牵头建立的组织就是江湖所有门派组成的一个“同盟”，负责整个江湖的运作和协调，也负责制定基本的“江湖规矩”。也许平时这些机构并没有太多的存在感，但其对这片江湖的稳定发展却是不可或缺的存在，更代表了各国政府对电子竞技的支持度。

随着电子竞技的飞速发展，越来越多的人开始关注这一领域，这也让游戏厂商对举办或者参与电子竞技赛事的兴趣变得越来越浓厚。层出不穷的电子竞技赛事就像是江湖上五花八门的“比武大会”，有代表天下武学最高水平的“华山论剑”，也有决定谁是这条街上老大的“街头斗殴”。无论规模大小，在这些比赛背后大都能看到游戏公司的身影。

最高级别的电子竞技赛事有世界电子竞技大赛（WCG）、世界电子竞技运动会（WESG）等，参赛的都是世界顶尖的电竞选手，获胜者能够收获丰厚的奖金和高涨的声望，一夜之间成为全国甚至全世界的偶像。一个网吧也可以组织自己的“电子竞技大赛”，这种比赛大都是某个游戏的“地面推广”，参赛的都是网吧里的熟客，或者干脆是雇来的“托儿”，获胜者的奖品经常是某游戏的装备，或者是网吧的上网卡。

世界电子竞技运动会

参加这些比赛的电竞选手或者玩家就像是江湖上的侠客，顶级侠客身怀绝世武功，仗剑行走天下，受到万人追捧，而大多数普通的武者只能做些押镖送货、看家护院的工作。我们熟悉的那些顶尖的电竞选手拥有不逊于娱乐明星的知名度，参加一场比赛就能赢得几十万甚至数百万的奖金，走到哪里都会有粉丝的欢呼和尖叫，不过对于绝大多数电竞选手来说，电子竞技给他们带来的收入只够温饱而已。电子竞技和其他竞技比赛一样，能够站在聚光灯下的都是这一领域中为数不多的佼佼者。

练武如同逆水行舟，不进则退，为了让自己的武艺精进，侠客们需要冬练三九夏练三伏。电竞选手也是如此，为了提高自己的电竞水平，他们每天都要进行12个小时以上的游戏训练，身体不好的根本无法承受如此高强度的训练，很多电竞选手都曾经在训练中受伤，或是患上严重的职业疾病，最后只能选择进行手术治疗，甚至因此不得不提前结束自己的职业生涯。玩游戏也会受伤？普通玩家听起来像是开玩笑的事情，对于电竞选手来说却是家常便饭。

和大多数竞技项目一样，电竞选手的黄金竞技期不超过10年，一旦年龄超过25岁，竞技状态就开始逐渐下滑，注意力、反应能力、体力都会逐渐下降，最终不得不选择退役。长江后浪推前浪，一代新人换旧人，可喜可贺，又可悲可叹，但这就是江湖，这就是电子竞技。退役后的电竞选手一般会选择成为教练，或者去直播平台上当主播或者解说，也有的会自己创业组建电竞俱乐部成为老板，还有些会被俱乐部聘为经理人，剩下的大都会离开这个江湖，去开始自己新的人生。

俱乐部就像是江湖中的门派，聚集了一群志同道合的好友共同修炼神功秘籍，还可以不时相互切磋以求提升自己的能力，其中少不了论资排辈、人情世故的纠缠。而战队则像是门派中专为挑战高手而组成的队伍，由俱乐部中拔尖的高手组成，为的就是在大大小小的比武大会上脱颖而出，赢取鲜花、掌声以及丰厚的奖金。与俱乐部内部复杂的关系相比，战队成员之间的关系要简单得多，大家更像是并肩作战的战友，同进同退，荣辱与共。一个优秀的俱乐部一般会有多支战队，对应不同的竞技游戏项目，还会有青年队、预备队之类的后备力量，为各个战队提供源源不断的优秀人才。

很多时候，战队和俱乐部之间的关系并不像人们想象的那么牢固，常常有战队脱离俱乐部另投他处，原因可能是俱乐部经营不善发不出钱来，也可能是其他俱乐部开出了更好的条件，或者是战队领头人打算自己建个俱乐部开始创业……如果是双方你情我愿和平分手倒也罢了，但有很多时候双方都是互相攻击，甚至闹到对簿公堂，大战过后两败俱伤，只剩下一地鸡毛。

成立一个门派并不难，一个高手登高一呼，拉来三五同道就可以立门户、收门徒了。成立一个电子竞技俱乐部也是如此，在电子竞技最初兴起的那几年，每个网吧几乎都有自己的电子竞技俱乐部，战队更是多如牛毛，似乎只要玩过游戏就可以加入。

然而现实是残酷的，想要运转一个门派和一个俱乐部都不是那么容易的事情，且不说权利纠纷、人情世故，就是吃饭这个问题都难倒了不少人。

虽然武侠小说中很少提及门派的运转需要多少资金的支持，但是略一思考就知道，要让这数十甚至数百、数千人吃饱穿暖就是一个很严峻的问题。电子竞技俱乐部同样需要面对这个问题，如果连饭都吃不饱，谁还有力气去训练？谁还愿意去打比赛？

那么问题来了，钱从哪里来？

电竞俱乐部的资金有一部分来自于比赛的奖金，对于顶级俱乐部来说，每次参赛都能获得不菲的奖金。不过奖金只会颁发给最终获胜的几个选手或者几支队伍，并不是所有参赛者都能拿到。对于很多实力不足的俱乐部来说，参加比赛不但没有收入，反而要搭进去车票、住宿费等一笔不菲的费用。

俱乐部还有一部分收入来自赛事的转播权分成。就像所有受关注的体育赛事一样，电竞赛事的转播权也可以“卖”个好价钱，不过这个钱是由赛事举办方进行分配的，实力强劲的大型俱乐部肯定可以拿到一笔可观的转播权分成，而那些名不见经传的小俱乐部能拿到多少，甚至能不能拿到都是未知数。

电竞俱乐部最主要的资金来源，还是赞助商的投入。

一般来说，电竞俱乐部的赞助商可以分为主赞助商和广告赞助商。主赞助商投入资金进行俱乐部建设，拥有俱乐部的股份，一般不参与俱乐部的运营；广告赞助商投钱就是为了投放自己的广告，他们的投入包括实物赞助和购买广告位的资金。

俱乐部和战队的名气够大，曝光率够高，自然有五花八门的赞助商找上门来，哭着喊着砸钱投放广告，至于那些不知名的俱乐部和战队，能够找到愿意投钱的“冤大头”就不错了，根本顾不上这广告是不是适合自己俱乐部的风格。

在这些赞助商中，有很大一部分是制作电子竞技周边产品的，比如电子竞技专用的键盘、鼠标、电脑等，就像是江湖上专为武者打造神兵利器的铸兵山庄。电子竞技对电脑硬件的要求很高，特别是对键盘和鼠标更是如此，一件合适的装备能让电竞选手如虎添翼，能够成为“电竞专用”则是对产品品质的极大肯定，而这些厂商也乐意通过电子竞技这一平台来展示自己的产品，所以在电竞比赛的赞助商中经常能看到他们的身影。虽然和同类产品比起来，“电竞专用”相关产品价格不菲，不过大都品质优良，的确是物有所值。当然，也不乏奸商打着“电竞”的名头出售假冒伪劣，普通人购买的时候还是得擦亮眼睛才行。

在普通人看来，电子竞技这个江湖充满了神秘，不过“直播”这一新兴事物却让更多人能够近距离地接触到电竞，也让电子竞技拥有了更强大的生命力和影响力，就像是那些讲述侠客故事的说书人，有了他们，才有了惊心动魄的武侠传奇。直播不仅打造出许多电子竞技明星，还让他们拥有了大批热情的粉丝，也让电子竞技这片江湖产生了足够的影响力，可以说，没有直播就没有现在的电子竞技。除了直播电子竞技大赛的常规比赛之外，直播平台还会邀请知名的电竞选手做比赛解说，让观众能够更好地欣赏精彩的比赛。

虽然电子竞技发展得如火如荼，不过光明照不到的角落里总有阴影存在，江湖上不光有身手不凡、正义凛然的大侠，也有为非作歹、祸乱一方的宵小之徒。电子竞技这片江湖中也有各种丑陋事件，其中最令人愤怒的就是各种外挂。原本以为是个天下无敌的绝世高手，谁知道原来是个用外挂获胜的跳梁小丑，这是对电子竞技精神最大的亵渎。除此之外，还有代打、洗钱之类的不正之风，与此相比，俱乐部里的金钱纠纷，战队里的钩心斗角，比赛时的阴谋，反而都是小事了。

就同所有新兴的行业一样，电子竞技经过这些年的发展已经取得了极大的进步，但仍然有许许多多的不足之处，无须讳疾忌医，更没有必要因噎废食，有不足说明还有更多发展的空间，不是吗？

扫码获取
☆电竞事记
☆赛事回顾
☆选手故事

15 规则制定者

◇

就像其他的竞技项目需要不同的器材一样，电子竞技的“竞技器材”就是电子游戏，每一个电子竞技游戏都有自己与众不同的规则，制定这些规则的就是电子游戏的开发商。从某种意义上来说，开发商就是游戏世界的创建者，开发出一个个虚拟的世界供玩家在其中征战、冒险和维护，他们还是游戏世界的管理者和维护者，每一次更新和升级都会给这个世界带来种种变化，可能会让世界变得更好，也可能会让世界变得更糟，甚至让这个游戏世界崩溃。

美国的暴雪娱乐公司（Blizzard Entertainment）是世界上伟大的游戏公司之一，制作了《暗黑破坏神》系列、《魔兽争霸》系列、《星际争霸》系列、《魔兽世界》《炉石传说》《守望先锋》等许多极为优秀的游戏，其麾下的“战网”对战平台对电子竞技的发展做出了很大的贡献。

暴雪娱乐公司创立于1991年，最初叫做“Silicon & Synapse”，翻译成中文是“硅与神经键”，这个名字实在太过古怪，连公司创始人都忍受不了，很快就将其改成了“Blizzard”，也就是“暴风雪”的意思。后来公司制作的魔幻类游戏中常会出现这个词，作为法师冰系技能的一种，也算是对公司名字的一种致敬。

暴雪娱乐公司

早期的暴雪娱乐公司发展并不顺利，几位创始人甚至需要透支信用卡来筹钱发工资，最初开发的几款游戏也没有得到很多关注。直到1994年《魔兽争霸》发售之后，暴雪娱乐公司才开始逐渐被玩家所知。1995年《魔兽争霸2》发布之后，在短短4个月内就售出了超过50万套，后来成为暴雪娱乐公司第一部突破百万销量的产品，被*PC GAMER*杂志评为当年最佳多人联机游戏，并在此后的三年时间里卖出了超过250万套。

真正让暴雪娱乐公司“一战封神”的是《暗黑破坏神》，1996年上市之后的短短18天之内销量就超过百万，这款超越时代的伟大作品使得“暴雪”这个名字被所有游戏玩家所熟知，成为最优秀的游戏开发公司之一。

1998年，《星际争霸》登场，这款游戏具有极高的平衡性和对抗性，一经发售就在全世界范围内引起轰动，同时推出的战网平台让玩家之间通过互联网进行对抗成为可能。在韩国，《星际争霸》的发售掀起了一场电子竞技的热潮，可以说电子竞技真正的开端，就是从《星际争霸》开始的。与此同时，“暴雪出品，必属精品”这句话也开始在玩家之间口口相传。

随后的《魔兽争霸3》将即时战略游戏推上了一个新的高峰，并衍生出一个新的竞技游戏类型——MOBA。《魔兽世界》的发布证明了暴雪娱乐公司在网络游戏上的实力，在相当长的一段时间里，《魔兽世界》都是同时在线人数最多的网络游戏。《星际争霸2》虽然缺少突破，却仍是当时最优秀的即时战略游戏之一，到现在还可以在很多电子竞技大赛上看到。《守望先锋》让大家知道暴雪娱乐公司制作射击游戏也可以如此令人惊艳，极佳的对抗性和平衡性以及漂亮的人物造型让人眼前一亮。《炉石传说》本来是《魔兽世界》衍生出来的小品级游戏，现在已经成为很多电子竞技大赛的比赛项目。MOBA 类型的《风暴英雄》拥有暴雪娱乐公司的“全明星”阵容，只是能看到刀锋女王和暗黑破坏神同场混战，就已经让玩家兴奋不已。回顾暴雪娱乐公司的发展历史，我们可以发现“暴雪出品，必属精品”这句话竟然没有丝毫夸张。

暴雪娱乐公司对于游戏有着近乎苛刻的要求，如果游戏效果达不到预期，就必须继续改进，直到达到足够完美的状态才会推向市场，这就导致“跳票”成为暴雪游戏的常态，甚至连玩家们也已经习以为常。如果一款游戏无法达到完美，暴雪娱乐公司甚至会直接取消该游戏项目的开发，比如《魔兽争霸：魔族王子》《星际争霸：幽灵》等游戏都在开发阶段被取消了。

除了制作出许多精品的游戏之外，暴雪娱乐公司对电子竞技最大的贡献就是提供了“战网”这个对战平台。在战网平台推出之前，玩家之间的对抗大都是在局域网上进行，暴雪娱乐公司的战网让世界所有玩家可以聚集在一起，让所有有志于电子竞技的玩家都可以找到与自己水平相当的对手。

依托战网平台，暴雪娱乐公司举办了许多大大小小的电子竞技赛事，比如“魔兽争霸黄金联赛”“星际争霸黄金联赛”“魔兽世界竞技场锦标赛”“守望先锋世界杯”“炉石传说大师赛”等，培养了一大批优秀的职业电子竞技选手，推动了电子竞技的快速发展。

提到“维尔福集团”，可能大多数人都是一头雾水，不过提到它的英文名“Valve”，应该就有不少人知道了，再说起这家公司制作的游戏《半条命》和《反恐精英》，以及旗下的“Steam”平台，绝大多数人都会恍然大悟：“原来是它啊！”

Valve 公司于 1996 年成立，最初开发的游戏是基于《雷神之锤》引擎的《半条命》，虽然《半条命》和后续的《半条命 2》都是非常优秀的游戏，不过它们在国内的知名度远远比不上《反恐精英》。

Valve

《反恐精英》最初只是《半条命》的一个模组（MOD），原本只是两个程序员闲着无聊时开发出来自娱自乐的，谁知在网上发布之后居然大受欢迎，颇具创意的警匪对决，快节奏、高强度的团队战斗，有趣又新鲜的经济系统，源自现实的经典枪械……这些都是在之前射击游戏中从未见过的。

Valve 抓住了这次机会，很快就将这两个程序员招至麾下，《反恐精英》的版权也顺理成章地成为 Valve 的囊中之物。拿到版权之后，Valve 将《反恐精英》打造成一款独立的游戏，并且采用了新的引擎，最终发布的是《反恐精英》1.4 版，与其同时上线的还有 Steam 平台。《反恐精英》1.4 版及其后续版本受到了玩家极大地追捧，直到现在《反恐精英：全球攻势》仍是各大电子竞技比赛常见的比赛项目之一。

不过 Valve 在电子游戏和电子竞技领域最大的贡献不是《反恐精英》或者其他的游戏，而是 Steam 平台。最初 Steam 只是作为发行《反恐精英》1.4 版的平台出现，不过 Valve 注意到了它的潜力，将其开放给所有的 PC 游戏开发者使用，经过多年的发展，Steam 已经成为规模最大的电脑游戏数字分发平台，还为其平台上的游戏提供联网对战的服务，包括《英雄联盟》《绝地求生》等许多游戏最初都是在 Steam 平台发售，然后才变得广为人知。与暴雪娱乐公司的战网平台相比，Valve 的 Steam 平台更加开放、包容，可以说两者走了两条完全不同的发展道路。孰优孰劣暂不评价，但对于电子游戏和电子竞技的发展来说，Steam 平台起到的推动作用要更大一些。

因为《英雄联盟》在全球范围内的持续火爆，其开发者美国拳头公司（Riot Games）也逐渐为人所知，成为全球最著名的电子游戏开发商之一。

拳头公司成立的原因是两位创始人对其他游戏开发商忽略玩家建议的不满，所以哪怕是在《英雄联盟》发售之后，拳头公司也始终在倾听玩家的意见，并据此对游戏进行改进，这让《英雄联盟》的品质不断提升，在发售10年之后仍然保持着旺盛的生命力。

最初拳头公司并没有打算让《英雄联盟》成为一款电子竞技游戏，因为之前类似的电子竞技比赛项目都是《星际争霸》之类的即时战略游戏，包括DOTA在内的MOBA类游戏大都偏向悠闲娱乐，并没有表现出在电子竞技方面的潜质。

但是《英雄联盟》上线后没多久，玩家就开始自发地组织相关的比赛，发现了这个现象的拳头公司马上就决定顺应这个潮流，很快就组织了第一届“英雄联盟全球冠军赛”，这次比赛采取了线上直播的形式，吸引了超过10万名观众。从这以后，拳头公司意识到《英雄联盟》在电子竞技方面的潜力，开始在这方面投入更多的精力和资金。

经过多年的发展，《英雄联盟》已经成为最受欢迎的电子竞技项目之一，而拳头公司也跻身于全球最知名的电子游戏开发商之列，可以说是电子竞技成就了拳头公司，拳头公司又推动了电子竞技的发展，相辅相成，相得益彰。

《绝地求生》是一款非常火爆的游戏，截至2018年1月，这款游戏在Steam平台的销量已经达到了惊人的3 300万套，成为史上销量最高的电脑游戏。该游戏被腾讯公司代理之后，在国内掀起了一场“吃鸡”的热潮。开发《绝地求生》的是韩国的蓝洞工作室(Bluehole Studio)，目前已经是世界上最有影响力的电子游戏开发商之一，不过由于《绝地求生》一直被外挂困扰，而蓝洞工作室对此的应对并不能让玩家满意，所以《绝地求生》在玩家群体中的口碑始终不高。

并不是所有的游戏开发商都有能力将自己的游戏推荐给每一个潜在的玩家，所以他们还需要游戏代理发行的渠道平台，可以称为“发行商”或者“代理商”，之前提过的Valve的Steam平台就是PC平台最大的游戏发行商之一，苹果公司的“苹果商店”和谷歌公司的“谷歌商店”也具有类似的功能，而在国内，最大的游戏发行商则是腾讯公司。

提起中国的互联网发展，“腾讯”这个名字绝对不会被忽视，从最早的OICQ开始，到红遍天下的QQ和微信，腾讯公司已经成为中国规模最大的互联网公司之一，在中国甚至世界上都有着举足轻重的影响力。可以说，在中国无论是用手机还是电脑上网，都免不了和腾讯公司扯上关系。

电子游戏是腾讯公司重要的业务领域，腾讯公司代理了包括《英雄联盟》《绝地求生》《地下城与勇士》《穿越火线》等许多优秀的游戏，投资开发了《王者荣耀》《QQ飞车》等游戏，并且搭建了名为“WeGame”的电脑游戏数字版分发平台，与Valve的Steam平台分庭抗礼。在电子竞技方面，腾讯公司同样投入了大量的资源，建立了“企鹅电竞”游戏直播平台作为整个电竞产业的“连接器”，整合了直播、比赛、主播、解说等各方面的资源。

腾讯公司对电子竞技产业发展做出的另一个贡献就是建立了国内第一家专业的电子竞技平台——腾讯电竞运动会（TGA）。腾讯电竞运动会拥有30多个游戏比赛项目，每年举办20多周的线上比赛以及超过8场全国规模的大型落地赛事，为电竞爱好者提供覆盖全年的大型综合性体育竞技盛会，并致力于把电子竞技打造成“体育化”的产业。经过多年的发展，腾讯电竞运动会不仅成就了一大批优秀的电子竞技运动员，还培养了许多电子竞技明星解说，为推动中国的电子竞技产业发展起到了十分重要的作用。

网易公司是国内另一家实力强劲的游戏公司，在国内代理运营了《魔兽世界》《魔兽争霸3》《暗黑破坏神3》《星际争霸2》《守望先锋》等暴雪娱乐公司的游戏大作，除此之外还拥有《梦幻西游》《阴阳师》《第五人格》等自主研发的游戏作品。

随着电子竞技产业的飞速发展，网易公司也开始加大在这一领域的投入，并在2018年推出了“网易电竞NeXT”系列比赛，也被称为“网易X系列赛”，比赛项目都是网易旗下的游戏。2018年，NeXT举办了夏季赛和冬季赛两场电子竞技盛会，邀请了诸多电竞明星选手和知名游戏主播参加。

在未来，网易计划依托NeXT这一平台，逐步打造一套以大众赛、校园赛和城市赛为基础，以综合性赛事和职业赛事为延伸的阶梯级赛事体系，为更多的青少年学生提供进入电子竞技这一领域的机会，并对他们进行职业化、正规化的培养，为中国的电竞产业提供源源不断的人才。

除了以上提到的这几家，国内外还有许多大大小小的游戏开发公司，开发了无数的电子游戏作品，其中很多都具有电子竞技游戏的特性，不过最终能够成为电子竞技项目并为人熟知的却少之又少，除了游戏本身的品质之外，资金、宣传甚至是运气都是非常重要的因素。

16　绕不开的钱

◇ ……………

与其他竞技赛事一样，电子竞技让人热血沸腾、心潮澎湃，有很多人都是因为对游戏的热爱，仅凭着一腔热爱就想投身电子竞技这项事业，然而现实永远比梦想残酷，无论是电子竞技俱乐部还是战队，从成立之初到后续运营都需要去面对一个很现实的问题，那就是“钱”。

毫无疑问，电子竞技是一项“烧钱”的运动，一家电子竞技俱乐部成立前后就有许多需要花钱的地方。

首先，俱乐部场地的租金就是一笔不小的数目。虽然电子竞技俱乐部的训练都在电脑上进行，不需要专门的运动场地，但就算是摆放供成员训练使用的电脑就需要不小的空间，再加上职业选手休息的宿舍和办公区域，至少也需要 200 平方米以上的空间，即使是选择在二线城市的非繁华地段，一年的房租大概也得在 10 万左右。如果要求空间再大一点，所在的地点换成一线城市的繁华地段，100 万也不一定够一年的房租。

租下场地之后还需要进行装修，装修花多少钱就没法估计了。如果要求比较低，可以只刷刷墙，甚至连这一步都省了，如果要追求“高端大气上档次”，几十万也就轻易砸进去了。装修的时候记得布好网线，虽然现在无线路由器已经很方便了，但对于电子竞技来说还是不够稳定，谁也不想正在网上厮杀的时候突然掉线，这对于参加线上比赛的电竞选手来说更是致命的。同样的道理，不间断电源（UPS）最好接上一台，不怕一万就怕万一，价格大概是几千元。

电竞俱乐部

场地装修好了，接下来就需要购买电子竞技所需要的装备了。

电子竞技最重要的装备就是电脑，日常训练和参加线上比赛都需要用到。电子竞技所使用的电脑一般会选择配置比较高的台式机，售价大概在1万元左右的电脑基本可以满足大部分电子竞技游戏的需求，如果对性能有更高的要求，3万元左右的电脑差不多就能拥有顶级的配置。

有些电竞选手会选择所谓的“游戏笔记本电脑”，价格大概在一到两万，不过相比台式机，笔记本的屏幕比较小，性能上也有些差距，所以一般只作为临时使用，比赛和训练的时候还是会用台式机。

电竞装备

需要注意的是，电脑配置升级的速度是非常快的，当前顶级的配置可能在一到两年之后就会落伍，如果俱乐部主攻的电竞游戏进行了比较大的升级，或者想要更换新兴的电竞游戏，很可能就需要对电脑进行整体升级，毕竟身为电竞选手，谁也不想因为电脑的原因输掉比赛。

相比电脑主机，电竞选手对键盘和鼠标的要求更高，因为必须依靠它们才能进行精妙的操作。对于电竞选手来说，键盘和鼠标就像是士兵手中的枪一样重要，是最值得信赖的伙伴，即使是出门参加大型的电子竞技比赛，很多电竞选手都会带着自己的键盘和鼠标。顶级的电竞专用键盘、鼠标套装售价大概在 1 000 元左右，不过每个电竞选手都会有自己的偏好，有时候不一定最贵的才是最适合的。值得一提的是，虽然无线键盘、鼠标非常方便，不过职业电竞选手一般都会选择有线键盘和鼠标，因为它们更加稳定，毕竟谁也不想因为键盘、鼠标没电或者掉线而输掉比赛。

以上的这些林林总总算下来，大概有 30 万左右就可以让俱乐部开张了，似乎也不算多，对不对？别着急，后面还有。

俱乐部旗下的电竞选手其实就是俱乐部的员工，是要拿工资吃饭的。每月的工资支出跟俱乐部规模有很大的关系，如果俱乐部旗下有 10 名职业电竞选手，哪怕都是没什么名气的新人，每月的工资开支大概得 8 至 10 万，这还没算俱乐部的管理和服务人员的工资。如果有心想要找一位有点名气的知名电竞选手加入战队来撑撑场面，花费几十万、几百万甚至上千万都有可能。

除了工资之外，和其他竞技项目一样，俱乐部也会根据比赛的成绩给旗下的电子竞技选手发放奖金，奖金的数目一般不会对外公开，不过应该不会比工资的总数少多少。

粗略一算，一个规模不大的电竞俱乐部，在建立之初的一年之内大概需要 200 万左右，才能保持基本的运转，所以很多人都说电子竞技是一个烧钱的行业，这话一点不假。

既然运营一个电竞俱乐部这么贵，有没有省钱的办法？还真有。在电子竞技刚开始起步的阶段，很多网吧都组建了自己的电子竞技俱乐部和战队，因为网吧在这方面具有天然的优势，几乎不用花什么钱。

网吧本来就是上网打游戏的地方，场地和电脑都是现成的，电竞选手可以在网吧的玩家中招募，甚至“工资”都可以用上网时长来支付，还可以借助游戏厂商的资源举行电子竞技比赛，获胜者的奖品一般是游戏厂商提供的纪念品或者游戏点卡，既推广了游戏又为网吧吸引了人气，无论从哪个方面来看都是稳赚不赔的买卖。

不过这种网吧的“电竞俱乐部”显然跟“职业电竞”差距很大，组织结构松散，人员变动极大，很难长时间运营下去，随着网吧的逐渐没落，这一批电竞俱乐部也大都消失了，不过它们为中国的电子竞技培养了第一批职业或者半职业的电竞选手，对电子竞技的发展起到了积极的推动作用。

早期的电子竞技俱乐部在社会上的影响力有限，创收的途径也很少，大都是靠投资人的资金维持运转，当时有很多其他领域的投资人看好电子竞技的发展前景，开始对电竞俱乐部进行投资，比如著名的 LGD 战队就是接受了“老干爹”辣酱的投资，才把队伍的名字改成了 LGD，也就是“老干爹”的拼音首字母。

当时电竞俱乐部的收入主要是参加各种比赛获胜后得到的奖金，不过除了少数国际大赛之外，大多数比赛的奖金并不高，而能够通过层层筛选登上国际大赛舞台的战队毕竟少之又少，绝大多数俱乐部和战队都只能在城市范围内的电子竞技比赛上登场，这些比赛的奖金可能只有几百块，距离稍远一点的话连路费都不够。

除了比赛奖金之外，当时的电竞俱乐部还会承接游戏推广的工作，依靠自己的知名度为游戏厂商新推出的电子游戏“打广告”，不过当时电子竞技游戏并不是游戏厂商关注的主流，所以俱乐部推广的常常是与其关系不大的网络游戏，这就有些尴尬了。而游戏厂商对于电竞俱乐部的影响力也有些怀疑，并不愿意在这方面投入太多的资金，经常是合作一两次之后就没有了下文。

后来，来自其他领域的投资人发现电竞俱乐部是一个烧钱的无底洞，还没有多少回报，于是纷纷开始撤资。那段时间是中国电子竞技最艰难的时刻，电竞俱乐部和战队失去了资金支持，其中大部分都在短时间内倒闭了，只剩下少数实力雄厚的还在苦苦支撑。

电子竞技的转机是网络直播的兴起，由于网络直播的用户和电子游戏的用户有很大一部分的重合，电子游戏直播很快发展起来，甚至出现了专门进行游戏直播的平台，而电子竞技游戏由于拥有很高的对抗性和观赏性，顺理成章地成为各大直播平台最火热的直播类型之一，很多职业电竞选手都转型开始做主播，同时也有很多游戏主播加入到电子竞技比赛中来。随着直播平台的发展，直播延伸到社会的方方面面，成为一种社会现象，不过“游戏直播”始终都在网络直播中占据相当重要的位置。

直播给电子竞技带来的不仅是来自观众的打赏，还有越来越高的关注度，以及随之而来的巨大广告价值，许多商家都注意到了这一点，开始在这一领域投放广告，加大在电子竞技领域的投资。得到了资金的支持，中国的电子竞技产业开始重新焕发出生机，再次开始迅速发展，与此同时，电竞俱乐部赚钱的方式变得更加丰富。

赞助商的投入仍然是电竞俱乐部主要的资金来源。一般来说，电竞俱乐部的赞助商可以分为主赞助商和广告赞助商。

主赞助商可以说是俱乐部的“幕后老板”，是电竞俱乐部最稳定的资金提供者，拥有俱乐部的股份，可以从俱乐部的价值增长中获得收益。电竞俱乐部和战队大都会以主赞助商的名字进行“冠名”，主赞助商可优先使用俱乐部和战队的广告资源——当然也是要花钱的。

广告赞助商大都没有实力或者不愿意拥有自己的电子竞技俱乐部，却又想借助电子竞技这个热点来宣传自己的产品，所以采取提供资金或者实物赞助的形式来换取展示广告的机会，电竞选手队服的胸口和背后、显示器背面甚至比赛门票上都是很受欢迎的“广告位”，对广告赞助商具有很大的吸引力。除了直接投放广告之外，有些电子产品制造商还会与知名的电竞俱乐部和战队合作推出联名商品，并按照销量进行分成。

很多成熟的大型电竞俱乐部的背后赞助商中都能看到各大游戏公司的身影，游戏公司出钱出游戏，俱乐部出人出力，游戏得到了更好的宣传，俱乐部得到了进一步发展，玩家得到了快乐，游戏公司赚到了钱，皆大欢喜，可喜可贺。

除了赞助商的投入之外，电竞俱乐部还有很大一部分收入来自直播平台。

和 NBA、世界杯之类受关注的竞技比赛一样，大型电子竞技比赛的主办方会把比赛的转播权出售给各大网络直播平台或者电视台，这笔收入会跟参赛的俱乐部进行分成。

除此之外，进行大型电子竞技比赛的转播时，很多直播平台都会邀请知名的电竞选手作为比赛解说，这也是一笔不菲的收入。

另外，电竞选手有时候会作为直播平台的主播，为观众进行比赛直播，这时很多粉丝都会通过“打赏”的方式来支持自己的偶像，一般来说这笔收入也会与俱乐部进行分成。

随着电子竞技影响力的扩大，相关比赛的奖金数额也水涨船高。在世界顶级的电子竞技大赛中，冠军的奖金常常能达到数十万美元，国内顶级赛事的奖金也达到了数十万人民币，如此惊人的奖金也成为电子竞技最有诱惑力的部分，很多玩家都是被巨额奖金吸引才加入电子竞技的。然而奖金只属于少数的胜利者，只有顶级的战队和最优秀的电竞选手才有资格去争夺这些令人眼红的奖金，而且还需要经过激烈而残酷的比赛才有可能得到最后的奖励。对于实力不足的普通电竞俱乐部和战队来说，在这些大赛中取得最后的胜利简直比登天还难。而竞技水平相对较低的线上比赛或者是城市范围内的电竞比赛，奖金能够达到 10 000 元已经很不容易了。

即使拿到奖金，如何分配也是个难题，因为奖金的分配和发放而闹翻了的俱乐部、战队和选手不在少数。

现在，电子竞技这个新兴事物正在得到越来越多人的关注，也有越来越多的资金涌入这个领域。在资本的推动下，电子竞技获得了惊人的发展，但在这一片繁华之下也隐藏了许多危机，比如国内社会对电子竞技的认识仍然偏向负面，数量庞大的电子竞技比赛游戏分散了玩家群体。不过最主要的还是电子竞技这个产业现在自身的盈利能力仍然不足，一旦失去了资本的支持将很难继续生存下去。作为电子竞技产业的重要支撑，游戏直播平台也存在同样的危机，目前已经有许多直播平台的生存举步维艰，将来的发展势头如何仍是未知。

金钱是个不错的东西，可是如果被其蒙蔽了双眼，就会看不清前方的道路。已经有很多人和事证明了这一点，希望电子竞技在将来能够引以为戒。

17 竞技的盛会

◇ ………………

提到足球，我们就会想到世界杯、欧洲杯、中超、足协杯之类的足球联赛；提到篮球，首先想到的肯定是美国的 NBA；奥运会则是多项竞技运动的最高舞台。和这些竞技运动一样，电子竞技也拥有许多世界级的综合竞技赛事，也有为某个游戏举办的全球性竞技比赛。

提到电子竞技比赛，很多人首先都会想到“世界电子竞技大赛”，这是一个全球性的电子竞技大赛，在早期的电子竞技领域拥有如同奥运会般的知名度和声望，能够参加 WCG 并夺冠是当时所有电竞选手的最终梦想，代表着至高无上的荣誉。

在 2000 年的韩国，以《星际争霸》为代表的各项电子竞技项目发展得如火如荼，迫切需要一场大型的国际赛事来展示韩国电子竞技的发展成果，增加其在世界上的影响力，于是 WCG 应运而生。

WCG 的主办方是韩国国际电子营销公司，主赞助商是韩国最大的财团——三星集团。WCG 以推动电子竞技的全球发展为目标，通过电子竞技促进人们在网络时代的沟通、互动和交流，让人们的生活更加和谐、愉快。WCG 的口号是“Beyond the game”，并在 2004 年的 WCG 上推出了同名歌曲，在随后的 WCG 上一直传唱。

第一届 WCG 在韩国首尔会展大厅举办，总奖金高达 30 万美元，吸引了来自37个国家与地区的430名参赛者，比赛项目包括《星际争霸》《反恐精英》《雷神之锤3》、FIFA 2001等游戏项目。

2004年的WCG在美国旧金山举办，这是WCG第一次在韩国之外的国家举办，标志着WCG开始真正走向世界。

2005年，中国选手李晓峰（Sky）在新加坡WCG《魔兽争霸3》的比赛中获得冠军，成为第一个在WCG上夺冠的中国选手，他在赛场上身披五星红旗的样子成为一个不朽的传奇，也成为中国所有电竞少年心目中的英雄，激励着无数中国少年投入电子竞技这一领域。

2009年，中文版的*Beyond the Game*在成都唱响，这是WCG首次在中国举办，选手王诩文（Infi）代表中国再次在《魔兽争霸3》的比赛上夺冠。

那些年，WCG对电子竞技在世界范围内的推广起到了至关重要的作用，随着电子竞技影响力的日益提升，WCG也成了电子竞技领域的“奥运会”，其冠军被所有电竞选手视为偶像，登上WCG的冠军领奖台成了全世界无数少年的梦想。

虽然影响力与日俱增，但WCG的商业化一直算不上成功，比赛的奖金基本上都来自于赞助商的投入，出售电视转播权的收入也寥寥无几，始终处于亏损的状态。

到了2014年，主赞助商三星集团决定停止对WCG的赞助，失去了资金来源的WCG只能无奈停办，接下来就是长达五年的沉寂。

在WCG如日中天的时候，韩国的专业游戏电视媒体OnGameNet还同时举办了另一个电子竞技赛事“World Esports Games”，简称WEG，计划将其打造成当时规模最大、形式最正规的电子竞技大赛之一，不过因为运营不利等原因，在2010年之后就再也没有了消息。

在WCG停办之后的2014年，国际电子竞技联盟（International Esports Federation，简称IESF）授权刚成立不久的全球移动游戏联盟（Global Mobile Game Confederation，简称GMGC）举办全球电子竞技大赛（World Esports Championship Games，简称WECG）。WECG的组委会成员很多都来自WCG，可以说是WCG的“正统延

续”，不仅打算接替 WCG 在电子竞技领域的地位，还计划通过一系列的地区预选赛让电子竞技在世界各地遍地开花，并通过培训电子竞技选手、组建电竞俱乐部、举办世界级的电子竞技联赛等方式建立全球化的电子竞技生态链，从而开启“全民电竞”的时代。

然而现实是残酷的，WECG 只在 2014 年举办了一届就停办了，随后再也没有了消息。究其倒下的原因，应该和 WCG 类似：缺乏盈利能力、组织能力不足、没有实力雄厚的赞助商支持等。

随着电子竞技的发展，WCG 的商业价值再次被人发掘出来，并在 2019 年重新回到了人们的面前。不过遗憾的是，此时的 WCG 已经没有了“世界之巅”的气势，参赛选手的水平参差不齐，赛事的组织水平和奖金的数额也与其他世界顶级赛事有不少的差距。不过即便如此，只是 WCG 这个名字，以及它代表的电竞精神，就足以让很多人为之动容。在未来，WCG 这个曾经在世界上最受欢迎的电子竞技赛事还能不能重回巅峰？我们拭目以待。

电子竞技世界杯（Electronic Sports World Cup ，简称 ESWC）是 WCG 之外的另一个大型国际电子竞技赛事，该项赛事起源于法国，从欧洲电子竞技赛事“Lan Arena”发展而来。

“Lan Arena”的意思是“局域网竞技场”，顾名思义，就是在局域网内进行的电子游戏竞技比赛。作为一项电子竞技赛事，Lan Arena 从 1998 年就开始在法国举行，到 2002 年共举行了 7 届，受到了不少网络玩家的关注。

2003 年，Lan Arena 改名为 ESWC，在法国普瓦捷的“观测未来”主题公园召开，成为举世瞩目的电子竞技盛会。

中国是 ESWC 的 11 个发起理事国之一，为参加 ESWC 而成立了专门的预选赛组委会。当时中国正是抗击“非典”时期，ESWC 中国组委会克服了重重困难，在全国范围内举行预选赛，在《魔兽争霸 3》《雷神之锤 3》和《反恐精英》项目的报名者中筛选出了 7 名选手前往法国参加全球总决赛，虽然没有取得很好的成绩，却让中国的电子竞技选手同其他各国的电子竞技选手有了更多的交流，加深了对彼此的了解，并且成为中法之间独具信息时代特色的“电子外交”。

ESWC

随后 ESWC 在 2004 年、2005 年又成功举办了两届，中国国内同期举办了两次大规模的预选赛，这些高水平的赛事极大地推动了电子竞技在中国的发展。

从 2006 年开始，ESWC 开始出现很多问题，其中最恶劣的就是拖欠获胜选手的奖金，在 2007 年、2008 年，这个问题愈演愈烈，已经严重影响了 ESWC 的信誉和选手的参赛热情。2008 年，ESWC 宣布破产，并在 2009 年被 Games Solution 公司收购，之后又被卖给了专业的电子竞技机构 Oxent。

经过一段时间的调整，ESWC 再次焕发生机。从 2012 年开始，ESWC 每年都会举办比赛，到现在仍是世界上最受关注的电子竞技赛事之一。

随着中国电子竞技产业的飞速发展，中国也开始组织世界规模的大型电子竞技赛事，其中在国内影响力最大的综合性电子竞技赛事当属阿里巴巴旗下的世界电子竞技运动会（World Electronic Sports Games 简称 WESG）。

2015 年 9 月，阿里巴巴成立了电子体育事业部，并在 2016 年 3 月宣布 WESG 启动。背靠阿里巴巴这位财大气粗的大金主，WESG 从创立之初就透露出一股冲天的“豪”气，第一届的总投入达到 1 亿元人民币，其中奖金超过了 550 万美元，吸引了 100 多个国家参赛。到了 2019 年，第三届 WESG 的投入超过 1.5 亿，影响到的国家和地区超过 200 个。

第一届和第二届 WESG 的比赛项目包括 DOTA 2、《反恐精英》《星际争霸 2》《炉石传说》，第三届又加入了《实况足球 2019》和《虚荣》，依然没有加入热度最高的电子竞技游戏《英雄联盟》，不过只要想到代理《英雄联盟》的腾讯公司是阿里巴巴在国内最大的竞争对手，出现这个情况就不足为奇。另外有些遗憾的是《魔兽争霸 3》至今还没有出现在 WESG 上，导致许多优秀的电子竞技选手失去了展示自己的机会。

和其他的电子竞技赛事专注于精彩刺激的比赛不同，WESG 还关注了许多比赛之外的东西，比如比赛的管理和赛场的礼仪等。通过参考其他竞技比赛的标准，并与电子竞技的特点进行融合之后，WESG 制定并发布了一整套的赛事管理规定，对运动员年龄与国籍认定、道德礼仪准则、兴奋剂的检测与处罚、处罚申诉条例等多个方面进行了规范，这对推动电子竞技比赛的职业化、正规化起到了很大的作用。

如果说这些综合了许多比赛项目的电子竞技大赛是电子竞技领域的“奥运会”，那还有一些赛事就像是“足球世界杯”“世界田径锦标赛”一样专注于某一个或者某一类电子竞技游戏的赛事，在世界范围内同样拥有强大的影响力。此类比赛大都是由游戏开发商投资和推动，规则和赛程都比较完善，并且还会通过在游戏内销售特定道具的形式筹集比赛奖金。

作为目前最具影响力的电子竞技游戏之一，《英雄联盟》的电子竞技赛事已经非常成熟，拥有一整套职业化比赛体系，其中最高级的赛事是一年一度的“英雄联盟全球总决赛”（World Championship），这是有关《英雄联盟》的最盛大的比赛，也是拥有最高荣誉、最高含金量、最高竞技水平、最高知名度的比赛。从 2011 年开始，每年的全球总决赛都是全世界所有《英雄联盟》玩家狂欢的节日，在 2018 年的全球总决赛上，中国的 iG 战队首次夺得了总冠军，成为中国电子竞技走向巅峰的重要标志。

英雄联盟职业联赛把整个世界分为 13 个赛区，根据赛区的规模和电子竞技发展水平不同，各个赛区拥有数量不等的总决赛名额。每个赛区都拥有自己的职业联赛，只有在赛区职业联赛中成绩最好的一支或几支队伍才有资格进入全球总决赛，与来自全世界的《英雄联盟》高手争夺最后的冠军。

英雄联盟职业联赛名为LPL（League of Legends Pro League），由拳头公司和腾讯公司共同举办，这是中国最高级别的英雄联盟职业联赛，也是中国赛区通往全球总决赛的必经之路。

依托《英雄联盟》高涨的人气和空前的关注度，LPL在国内受到了极大的关注，许多老牌的电子竞技俱乐部都派出最高水平的电竞选手组成战队参加比赛，在直播平台的推波助澜下，LPL成为国内最受关注的电子竞技比赛之一。

作为《英雄联盟》最大的竞争对手，Valve的DOTA 2同样拥有自己的全球职业联赛体系，称为“DOTA 2国际邀请赛”（The International DOTA 2 Championships，简称TI），从2013年开始每年都会举行，是DOTA 2全球最高水平电竞选手的巅峰对决，夺冠者除了可以获得Valve颁发的盾牌形冠军奖杯，还可以将自己的名字记录在DOTA 2的游戏“泉水”中，供所有玩家瞻仰，当然，也少不了丰厚的奖金。

可以说，TI最大的特色就是其令人脸红心跳的高额奖金，由于采用了“众筹”的形式，玩家可以用自己的行动为奖金“添砖加瓦”。从第四届开始，TI比赛的总奖金就已经超过了千万美元，第五届的总奖金达到1 800多万美元，第六届的总奖金超过了2 000万美元，仅冠军奖金就超过了900万美元。其后的第七、第八届的总奖金都超过了2 300万美元。可以说，TI是目前奖金最高的电子竞技赛事。

《绝地求生》的全球顶级赛事为“全球邀请赛”（PUBG Global Invitational，简称PGI），聚集了来自全球最顶尖的《绝地求生》战队。由于《绝地求生》的特殊游戏方式，决赛时这些战队会被扔在同一个战场中进行厮杀，场面可以说是精彩绝伦，非常刺激。

格斗游戏曾经是最适合电子竞技的游戏类型之一，自然少不了专门的电子竞技赛事，曾经最著名的格斗游戏大赛就是日本举办的

“斗剧”，不过随着日本电子竞技的衰落，斗剧在 2013 年停办，成为所有格斗游戏玩家的遗憾。

“北美格斗游戏大赛”（Evolution Championship Series，简称 EVO）是目前全世界最大规模的格斗游戏赛事，聚集了来自世界各地的顶尖格斗游戏选手。EVO 的比赛项目包括《街头霸王》系列、《拳皇》系列、《铁拳》系列、《漫画英雄 VS Capcom》系列等著名的格斗游戏。有趣的是，除了官方的比赛项目之外，还经常有玩家自带游戏机到比赛现场，与现场的其他玩家进行“非官方”的格斗游戏比赛。

随着电子竞技的影响力逐渐扩大，除了这些专门的电子竞技赛事之外，传统的体育竞技赛事也开始逐渐接纳电子竞技这一新兴事物。2018 年的雅加达亚运会上，《英雄联盟》《王者荣耀》《炉石传说》《皇室战争》《星际争霸 2》《实况足球 2018》六款游戏被列为表演项目，这标志着电子竞技开始真正登上竞技体育这个大舞台。也许在不久的将来，我们就可以看到电子竞技选手征战在奥运会的赛场上了。

18 梦起航之地

◇ ……………………

说起电子竞技在中国的发展史，网吧绝对是其中一个重要的组成部分。网吧是电子竞技最早出现的地方，无数的电竞高手都是在这里开始自己的电子竞技生涯，可以说网吧就是电子竞技梦想的起航之地。

最早的网吧出现在20世纪90年代中后期，那时候电脑还是一件昂贵的奢侈品，售价大概在一万元左右，没有多少家庭能够拥有一台电脑，学校机房里倒是有许多电脑，不过配置大都很落伍，而且并不对学生开放，只有在上电脑课的时候才能摸到。当时的互联网还很落后，上网使用的是“调制解调器”，传输速度相当慢，而且价格昂贵得惊人，所以“上网”是一件十分奢侈的事情，更别说下载软件了，电脑软件的传播方式主要是在专门的软件商店里购买。

为了展示和测试出售中的软件，当时的软件商店里一般都会摆放一两台电脑，这些电脑很快就吸引了很多对新鲜事物如饥似渴的年轻学生，软件商店很快就发现了其中的商机，开始按照使用电脑的时长进行收费，后来干脆在角落里专门开辟了一小块空间，安装了几台电脑供人使用，这些电脑的收费大概在每小时10元左右，有些地方甚至更多，在当时的物价水平下可谓是天价了，却仍然阻挡不了大家的热情，经常是一机难求。这些“电脑室”可以说是网吧的雏形，不过当时还没有“网吧”这个名词。

虽然打着“学习电脑技术、测试电脑软件”的旗号，不过这些电脑上运行的却几乎都是电脑游戏，其中即时战略类的《命令与征服》和第一人称射击类的《毁灭战士》是当时最受欢迎的游戏，也是最早支持局域网对战的游戏，算得上是电子竞技游戏的鼻祖，虽然现在看来画面十分简陋，不过当时却是华丽得令人惊艳。当时在软件商店里，每个在电脑前征战的玩家身后都围满了兴致勃勃的观众，时而欢呼雀跃，时而摇头叹息。

早期的网吧

很快就有人注意到这个赚钱的好买卖，于是专门的电脑机房开始出现。这些电脑机房的经营模式简单粗暴，只要租一间房子，摆上几台电脑，然后就可以坐等收钱了。此时《红色警戒》和《雷神之锤》开始大行其道，成为这些电脑机房里玩家奋战的主题。

在 1999 年前后，随着宽带的逐渐普及和电脑价格的降低，上网不再是一件奢侈的活动，真正意义上的“网吧”开始如同雨后春笋般大量出现。此时网吧的主要客户就是学生，所以大多数网吧都选择开在学校周边，有些网吧甚至就开在大学校园里。每当学校放学，网吧也开始变得繁忙起来，当然上网学习的人寥寥无几，大都是在电脑游戏中激情鏖战。

此时网吧里最受欢迎的游戏是《星际争霸》和《反恐精英》这类电子竞技游戏，经历了最初的单打独斗阶段之后，为了能够获得更多胜利，网吧里的玩家开始呼朋唤友，自发地组成相对固定的队伍加入游戏，这算是最初的电子竞技“战队”雏形。为了吸引玩家，网吧老板经常会组织这些游戏的比赛，这就是中国最初的电子竞技比赛。这些玩家的技术水平如何暂且不论，玩家们的热情非常高涨，当然从虚拟战斗发展到“真人格斗”的事情也是屡见不鲜。

不过由于当时国内还没有“电子竞技”这一概念，更没有相关的大规模赛事，所以玩家组建的“战队”基本上都被局限在网吧范围内，这使得中国的电子竞技错失了发展的机会，而此时韩国的电子竞技产业已经开始高速发展。

随着《传奇》《奇迹》《石器时代》等网络游戏的兴起，电子竞技类游戏的影响力逐渐降低，网吧里成为网络游戏的天下，无数玩家通宵达旦鏖战其中，也给网吧带来了滚滚财源。这是网吧最兴盛的时代，随便开一家网吧都是稳赚不赔。

由于缺乏监管和规范，网吧在野蛮发展的同时埋下了许多危险的隐患。

当时很多学生都因为玩游戏而荒废了学业，大学生因此而“挂科”的比比皆是，由于挂科太多被退学的也并不罕见。中学生甚至小学生沉迷游戏，让家长感到无奈甚至是恐惧，整个社会都开始将“玩游戏”与“不务正业”画上等号，电子游戏被称作“电子海洛因”，被家长视为洪水猛兽。

网吧的环境也存在问题。为了在有限的空间里塞下更多的电脑，网吧老板恨不得让玩家人挤人地挨着坐，空气流通、声音干扰之类的问题完全不在考虑范围之内。当时几乎所有网吧都没有“禁烟”的规定，满地都是抽完的烟头，键盘的按键缝隙里满是烟灰，空气中时时刻刻都飘荡着香烟和泡面的混合味道。

另一个严重的问题是网吧的安全。网吧里的顾客大都是年轻力壮的小伙子，彼此之间因为一点琐事就可能拳脚相向，说不定还会呼朋引伴出现斗殴事件。网吧里的人员非常密集，而当时大多数正规的网吧都没有合格的消防装置，更别说数量众多的“黑网吧”

了，一旦发生火灾或者其他事故就会造成严重的后果。发生在北京的“蓝极速”网吧纵火事件造成25人死亡12人受伤，引起全国震动。这次事件之后，政府对网吧的管理变得更加严格，开始进行大规模的整顿，使用软件对上网人员进行登记，禁止未成年人上网，并且严禁在学校周边开设网吧。随着管理的推进，大批的“黑网吧”被查封关停。2003年的“非典”也给网吧带来了很严重的影响，一度使得网吧门可罗雀，许多实力不足的网吧不得不直接关门。

即使如此，网吧的发展仍然势不可挡。随着网吧规模的不断扩大，连锁性质的大型网吧开始出现，并且逐渐取代单一的网吧成为主流，也给电子竞技的发展提供了新的机遇。

当时韩国的电子竞技产业发展已经基本成熟，世界电子竞技大赛正在世界各地举办得如火如荼，这给国内带来了很大的影响，人们惊讶地发现，玩游戏竟然也能成为世界冠军，于是有很多玩家都忍不住想要投身电子竞技领域中来，而网吧中的比赛给他们提供了这样的机会。

此时各种网络游戏仍然是网吧里的主流，《魔兽争霸3》《星际争霸》《反恐精英》等竞技类游戏也占据了相当的比重。

连锁网吧的规模越大，能够影响到的玩家就越多，其举办的竞技比赛水平也就越高，不但能够从玩家中筛选出优秀的电子竞技选手，还能为他们提供训练场地，有不少职业电竞选手都是从网吧联赛中脱颖而出的。

当时的游戏厂商很清楚网吧对于玩家的影响力，因此致力于用各种方法在网吧里推广自己的游戏，其中就包括举办带有竞技性质的各种比赛，这也给电子竞技选手提供了展示自我的机会。比如腾讯公司曾经投入大量的资金和精力在网吧里宣传《地下城与勇士》《QQ飞车》等游戏，并在网吧里举办了许多相关的比赛，为后续腾讯电子竞技运动会的举办打下了基础，并积累了不少经验。

不过即使是大型的连锁网吧，影响力仍然有很大的局限性，大都只能在本地活跃，作为游戏厂商“地面推广”计划的一部分，无法形成全国规模的电子竞技产业，更别说走向世界了。除此之外，职业化的电子竞技俱乐部和战队所需要的资金十分巨大，即使是大型连锁网吧也无法稳定地提供资金。

2005 年，《魔兽世界》的出现让网吧再次火爆起来，为了能够运行这个当时最受欢迎的网络游戏，许多网吧都对电脑进行了升级。一时间，呼朋唤友组队下副本成了网吧里最流行的事情。不过盗号成为当时困扰《魔兽世界》的一个很大的问题，这一现象在网吧的电脑上尤其严重，许多网吧的电脑上都被安装了盗号木马，有些甚至是网吧管理员的监守自盗。由于网吧电脑具有“自动还原”的特殊性，这些盗号木马无法完全被清除。盗号木马会让玩家多年的心血在一夜之间化为乌有，而网吧当然不会为此负责。吃过一次亏之后，很多《魔兽世界》的玩家都会对网吧十分失望，转而买一台自己的电脑来保护自己在《魔兽世界》中的虚拟财产。除了《魔兽世界》之外，《天龙八部》《地下城与勇士》等热度较高的网游都会被“盗号”这个问题困扰，在网吧的电脑上输入账号、密码之前必须做好防范。

到了 2008 年左右，随着电脑价格的进一步下降和家庭宽带的普及，越来越多的家庭拥有了自己的电脑，网吧再也不是电脑游戏玩家的第一选择，网吧再也不是一个躺着赚钱的买卖，开始陷入衰退。

为了吸引玩家回归，网吧想了很多办法，其中一条就是借助电子竞技的力量，举办各种电子竞技比赛，不过由于影响力有限，对于网吧收入的提升并没有太大的帮助，反而因为比赛的奖金以及组织费用增加了负担，所以这些比赛并没有持续多长时间。

当时国内的电子竞技项目仍然以《魔兽世界 3》《反恐精英》系列为主，对玩家来说缺乏足够的吸引力，而后续的《星际争霸 2》由于需要登录战网才能玩游戏，并没有在网吧里形成太大的影响。相比同时期的网络游戏如《地下城与勇士》《魔兽世界》而言，电子竞技游戏并没有什么优势，不过值得一提的是，此时《魔兽争霸 3》的 DOTA 模式开始在网吧里流行，很多网吧都会举办相关的比赛。

2011 年《英雄联盟》的出现给日渐萧条的网吧打了一针兴

奋剂。

《英雄联盟》需要五人组队参战，在瞬息万变的战场上，队友之间的及时沟通就显得极为重要了，虽然可以通过团队语音聊天来解决，不过受网络条件、硬件设备、软件调试等的制约。说起最有效率的沟通方式，当然还是面对面坐在一起，只要吼一嗓子其他人就听得清清楚楚。普通人的家里几乎不可能有这么多台电脑，所以最适合这种沟通方式的地方就是网吧。

为了追求沟通的优势，许多玩家开始叫上自己的朋友来到网吧，组队征战在《英雄联盟》的战场上。由于相比其他方式组队的玩家具有很大的优势，这种组队方式被玩家戏称为“开黑店”，简称为“开黑”。虽然这个词最早不是出现在《英雄联盟》中，但的确是因为这个游戏才被人所熟知，并在后续的许多游戏中沿用下来。

为了顺应这个潮流，有些网吧为《英雄联盟》玩家“开黑”设计了专门的区域，并且开始组织相关的比赛。一时间，网吧里的人气飙升，全都是在玩《英雄联盟》的玩家队伍。

然而好景不长，智能手机的迅速兴起给网吧敲响了末日的钟声。智能手机的性能日益强大，手机游戏和电脑游戏在游戏性能上的差距越来越小，而快节奏的生活让人身心疲惫，白天在单位面对了一天电脑之后，许多玩家回到家都懒得打开电脑进行游戏，更不用说专门跑到网吧玩游戏。手机游戏的迅速发展，特别是《王者荣耀》的出现，让“开黑”不再是网吧的专利，只要几个好友聚在一起，拿出手机就可以“开黑”，比起电脑上的《英雄联盟》要方便得多。

网络直播的出现也给网吧带来了不小的冲击。之前网吧举办的电子竞技比赛给了游戏高手一个展示的舞台，也给了普通玩家一个观摩学习的机会，现在这两个需求都可以在直播网站上得到解决，而且更加方便快捷。

在家庭电脑、智能手机和网络直播的冲击下，网吧的日子越来越艰难，其中很多颇具实力的连锁网吧都无法支撑下去，只能选择关门。

为了生存下去，“活着”的网吧开始做出各种改变，比如改善网吧内的环境，转型成为售卖咖啡、简餐的“网络咖啡厅”。有些网吧则是抓住电子竞技和网络直播兴起的机会，组建了自己的战队并进行直播，甚至改成专门的“电竞中心”，借此来提升自己的知名度和人气，并取得了不错的效果。

现在的网吧

虽然现在街上的网吧已经越来越少了，不过人们不会忘记网吧当年的辉煌，也不会忘记自己在网吧里奋战的日子。作为一个时代的产物，网吧伴随着一代人走过了他们的青春岁月，见证了中国互联网的兴起，也是中国的电子竞技最早出现和兴起的地方，对于很多电子竞技选手来说，这里是他们的梦想起航之地。

19 光辉与荣耀

◇ ……………

同许多高度职业化竞技项目一样，电子竞技是一项复杂而专业的活动，需要有专业的人员进行组织和运作，而电子竞技选手大都没有这方面的能力。专业的人做专业的事，这就是电子竞技俱乐部存在的意义。

现在的电子竞技游戏大都是以团队对抗为主，比如《英雄联盟》《反恐精英》《绝地求生》等都是如此，团队成员之间必须有足够的默契，才能在比赛中打出很好的配合，所以就需要由相对固定的成员组成队伍进行训练和比赛，这就是“战队”。每个电竞俱乐部旗下大都会有数支战队，分别针对不同的电竞游戏项目，一些大型的俱乐部还会按照选手年龄、水平的不同分为一队、二队、青年队、预备队等不同的队伍，作为人才培养的梯队和主力战队的后备力量。

早期的职业电竞俱乐部主要出现在韩国，在《星际争霸》作为电子竞技项目在韩国盛行的时候，相关的电子竞技俱乐部也同时成立，这些俱乐部背后的“金主”都是韩国最顶尖的大财团，俱乐部的名字也是以这些财团的名字命名，比如三星、KT（韩国电信公司）、CJ（希杰集团）、SKT 等。这些韩国的大型企业都是韩国职业电子竞技协会（KeSPA）的会员单位，发展电子竞技是韩国政府交代给他们的任务，为此成立电子竞技俱乐部属于集团“社会责任”的一部分。一般来说，电子竞技俱乐部是这些大型集团的一个组成部分，享受集团的财政支持，管理也比较正规，俱乐部的领导常常是由所属的集团“空降”而来，虽然不一定精通电子竞技，但大都是精通企业管理的高级人才。这些电子竞技俱乐部被称为“体制内”俱乐部，存在的目的就是在世界范围内为国争光，至于商业化、挣钱之类的事情反而并不重要，毕竟“背靠大树好乘凉”。

《星际争霸 2》发售之后，韩国职业电子竞技协会和暴雪娱乐公司之间的矛盾爆发，宣布不认可韩国境内《星际争霸 2》比赛的合法性。虽然官方态度很坚决，不过当时《星际争霸》已经进入了生命的末期，而《星际争霸 2》在各方面都比《星际争霸》有了很大的进步，还拥有“全球星际争霸 2 联赛”这一全球瞩目的电子竞技赛事，所以在韩国境内出现了很多规模较小的电子竞技俱乐部，这些俱乐部没有大财团作为经济后盾，只能寻求实力较弱的赞助商和广告商，因此生存状况并不乐观，许多都如流星般转瞬即逝。这些电子竞技俱乐部被称为“体制外”俱乐部。这些体制外的俱乐部更像是给体制内俱乐部输送人才的“第二梯队”，很多优秀的电子竞技选手最终还是会选择进入体制内的俱乐部。

直到现在，韩国国内的电子竞技俱乐部仍然是以“体制内”为主，因为拥有雄厚的资金及其他资源的支持，俱乐部旗下的战队没有任何后顾之忧，只需要专注于训练和比赛，这使得他们在国际大赛上的表现始终不错，在整个电子竞技领域占据了重要的位置，韩国也成为电子竞技发展得最好的国家之一。

相比《星际争霸》之类的即时战略游戏，欧美玩家更喜欢火爆刺激的射击游戏，早期的电子竞技俱乐部大都是依托此类游戏而诞生的，特别是《反恐精英》的流行是很多俱乐部和战队成立的原因，后来又出现了《魔兽争霸 3》《英雄联盟》、DOTA 2 等专门的战队。

一般来说，欧美电子竞技俱乐部的管理比较松散，队员之间的交流以线上为主，很少像亚洲的俱乐部那样每天都待在一起进行训练，这和欧美国家的网速普遍较快有很大的关系。

欧美电竞俱乐部的商业化运作大都比较成熟，虽然没有韩国“体制内”俱乐部那样的大金主的支持，但是并不缺少赞助商，特别是得到了英特尔、NVIDIA 之类的电脑硬件厂商的青睐。除此之外，欧美电竞俱乐部对支持者的引导和反馈也比较成熟，形成了较强的品牌效应，拥有固定的粉丝群体。

说起早期的欧美电子竞技俱乐部，SK Gaming 是一个不应该被忽略的名字，这家德国的电子竞技俱乐部早在 1997 年就已经成立，不过真正令其声名远扬的是在 2003 年加入的瑞典分队，这支战队在 FPS 游戏尤其是《反恐精英》上拥有令人叹服的实力，是当时世界公认的《反恐精英》最强队伍之一，赢得了当时除 ESWC 之外几乎所有主要世界大赛的冠军。遗憾的是，由于人员变动，战队在比赛中表现不佳，SK 先后解散了旗下的《反恐精英》、DOTA 2 等多支战队，逐渐失去了往日的强大实力，近些年的影响力已经大不如前。

Fnatic 是另一支欧洲老牌的电子竞技俱乐部，旗下的《反恐精英》战队早在 2005 年就已经成立，在全球各大赛事中都取得了骄人的战绩，甚至被许多人认为是世界第一的《反恐精英》战队，后来成立的《英雄联盟》和 DOTA 2 分队也都拥有很强的实力，是世界顶尖的战队之一。

和欧美、韩国的电子竞技俱乐部相比，国内的电子竞技俱乐部起步并不算晚，早在《星际争霸》流行的时候，在热火朝天的网吧里就已经有了电子竞技战队的雏形，随着《反恐精英》的出现，国内出现了许多阵容固定的“战队”，虽然其中大多数都是在网吧里称雄一方的松散团体，不过其中有些已经开始进行职业化和商业化的尝试，具备了真正的电子竞技俱乐部的形态。

wNv 是国内最早进行职业化尝试的电子竞技俱乐部之一，旗下拥有《反恐精英》《魔兽争霸 3》《跑跑卡丁车》等项目的多支战队，其中的《反恐精英》战队是当时国内最优秀的《反恐精英》战队之一。

wNv 的前身是来自四川南充的 NC 战队，得到北京公司的赞助之后来到北京。成立初期，wNv 的队员在个人能力、经验等方面与当时的国内一流战队有着不小的差距，所以比赛成绩不理想，不过经过不断的人员调整、磨合，很快就追了上来。

2005 年，wNv 旗下的《反恐精英》战队在 WEG 上一举击败多支世界顶尖强队，最终夺得了冠军，并在次年夺得了 WEG MASTER 大师杯赛的冠军，战队排名迅速蹿升至世界第一位，成为全球炙手可热的战队之一。

经历巅峰之后，wNv 开始走下坡路，在国际赛场上表现不佳，而且战队成员频繁更换。到了 2010 年，wNv 被迫解散，旗下战队集体转会到其他俱乐部，实在是令人惋惜。

WE（World Elite）电子竞技俱乐部是中国电子竞技历史上不可或缺的一个名字，在《魔兽争霸 3》这个比赛项目上可以说是无出其右，李晓峰、王诩文等著名的《魔兽争霸 3》世界冠军都是出自这个俱乐部。

WE 战队

WE 成立于 2005 年，成立之初就以《魔兽争霸 3》为主要的训练目标，在该项游戏的世界大赛中取得了骄人的战绩，其麾下著名的《魔兽争霸 3》选手李晓峰在 2005 年、2006 年连续夺得了两次

WCG 个人世界冠军，一时间成为青年一代玩家的偶像，WE 也同时成为国人关注的焦点。

WE 对中国电子竞技的发展贡献良多，其中最重要的一点就是建立了比较规范的新人发掘、培养机制，在主力战队之外建立了新人组成的预备队，为主力战队提供了源源不断的新鲜血液，这一机制后来被许多俱乐部沿用，成为中国电子竞技发展的重要组成部分。

在《英雄联盟》成为电子竞技的主流之后，WE 成立了《英雄联盟》战队，并且很快就取得了优异的成绩，并在 2017 年取得了 LPL 联赛的冠军，证明了这支老牌劲旅的强大实力。

AG（All Gamers）是目前最受关注的电子竞技俱乐部之一，其历史最早可以追溯到 1999 年，当时的训练项目以《星际争霸》为主，麾下的著名《星际争霸》选手马天元（MTY）和韦奇迪（DEEP）组成的队伍曾经在 2001 年 WCG 的《星际争霸》2V2 项目中获得冠军。

经过多方整合，AG 电子竞技俱乐部在 2011 年正式成立，旗下分设了《穿越火线》《英雄联盟》《星际争霸 2》等多个战队，后来又增加了《英雄联盟》《王者荣耀》《绝地求生》等战队，都取得了很好的成绩。

AG 俱乐部成功之处在于其整合资源的强大能力，其与企鹅电竞、虎牙直播都有密切的合作关系，创造性地开创了电子竞技与直播相结合的合作模式，为中国电子竞技的发展找到了一条新的道路。

iG（Invictus Gaming）同样是现在最具影响力的电子竞技俱乐部之一。2011 年，iG 成立了《英雄联盟》战队，为了尽快提高战队实力，iG 从 2014 年开始引进韩国选手与教练，学习韩国选手和战队的成功经验，不过并没有很快取得理想的效果，直到经历了数年的打磨之后，才终于在 2018 年获得了“英雄联盟全球总决赛”的冠军，这是中国团队在这个世界大赛的赛场上获得的最高荣誉。

iG 战队

皇族电子竞技俱乐部（RNG）是 iG 电子竞技俱乐部的老对手，两者旗下的《英雄联盟》战队曾经在 LPL 等大赛中上演了多次精彩的巅峰对决。

RNG 成立于 2012 年，拥有《英雄联盟》《王者荣耀》等多个游戏分部，其旗下的《英雄联盟》战队实力雄厚，曾经在 2018 年夺得 LPL 春季赛冠军、MSI 季中邀请赛冠军，德玛西亚杯夏季赛冠军及 2018 年 LPL 夏季赛冠军。

除了专注于比赛之外，RNG 还特别重视对其自身和电子竞技整体的宣传，制作了以电子竞技为背景的综艺节目《皇话》，该节目通过问答的方式，展现电子竞技选手们不为人知的生活，让更多人能够了解这个领域的真实情况。到 2019 年，《皇话》已经更新至第五季，受到了许多电子竞技爱好者的热烈追捧。除此之外，RNG 还制作了电子竞技节目《高能软泥怪》，以赛事语音配合集锦镜头的形式回顾该战队在赛场上的表现。这些节目都是对电子竞技进行推广的有益尝试，也被其他许多俱乐部所效仿。

除了以上提到的几家电竞俱乐部之外，国内外还有许多大大小小的优秀电竞俱乐部，比如名字特别占人便宜的“老干爹”（LGD）俱乐部、OMG 电子竞技俱乐部（OH MY GOD Electronic Sports Club）等。

虽然中国的电竞俱乐部仍存在许多问题，比如盈利模式不清晰、管理方式落后、人才梯队建设不完善等，但是相比之前已经有了很大的进步，经过残酷的淘汰之后，现在活下来的电子竞技俱乐部都是各具特色的强者。

对于电子竞技这个产业来说，这些俱乐部是推动其发展的主要力量，而对于电竞选手来说，这些俱乐部则是他们扬帆起航、实现梦想的地方。

扫码获取
☆电竞事记
☆赛事回顾
☆选手故事

20 向职业出发

◇ ………………

成为一名电子竞技职业选手是很多玩家的梦想，那么一个普通的玩家如何成为一名职业电竞选手？

首先，你要知道什么是电子竞技。

电子游戏是娱乐，而电子竞技则是一种竞技项目，两者完全不同，成为一名电子竞技职业选手是一项失败率非常高的艰难挑战，如果只是为了名正言顺地玩游戏，或者一心想要成为万众瞩目的电竞明星，那奉劝你还是再慎重考虑一下自己的选择，这条路并不像你想象的那样充满了快乐、金钱、荣耀和欢呼，枯燥而严酷的训练、短暂的职业生涯、不稳定的收入来源是职业电竞选手不得不面对的事情。

下定决心、做好心理准备之后，你还需要证明自己拥有玩游戏的天赋。

在《星际争霸》《反恐精英》的时代，游戏里并没有一个统一的评价体系，玩家想要证明自己的游戏天赋只能不断向有名的电竞选手进行挑战，就像是武侠小说中挑战高手的新人一样，虽然听起来十分浪漫，实际上却非常艰难，而且对于知名度的提升十分缓慢。这时，评价一名电竞选手水平的一个重要标准就是APM，也就是“每分钟操作次数”，包括了鼠标和键盘对游戏发出的操作指令。

普通人的 APM 极限大概在 100 左右，而电竞选手的 APM 则至少需要达到 200，其中的佼佼者甚至能达到 300 以上。不过 APM 只能反映选手的操作速度，体现不出选手在作战意识、团队配合等方面的水平，所以只能作为简单的参考。另外，随着操作的简化，APM 在电子竞技游戏中的重要性也开始降低，但时至今日仍然是评价电子竞技选手能力水平的一个重要指标。

随着“战网”“天梯”的出现，后续的电子竞技游戏都在游戏内部建立了自己的评价机制，想要证明自己的实力就变得简单起来。

《星际争霸 2》的天梯系统将玩家按照竞赛分数分为青铜、白银、黄金、白金、钻石、大师及宗师 7 个段位，其中大师玩家只占总玩家的 4%，而宗师头衔更是只有排名最靠前的 200 个玩家才能获得，每局比赛的胜负和玩家在场上的表现都会影响自己的分数和排名。想要成为《星际争霸 2》的职业选手，至少要打到大师段位，如果能到宗师等级就更好了。

《英雄联盟》内部的评价机制同样将玩家分为英勇青铜、不屈白银、荣耀黄金、华贵铂金、璀璨钻石、超凡大师、最强王者 7 个段位。职业电子竞技俱乐部青年训练营的报名要求是达到“超凡大师”段位，在人数最多的一区和峡谷可以降至钻石 1 级。（注意，这只是达到了进入青年训练营的门槛而已，距离真正的电子竞技职业选手还相差很远。）

最近非常火的《绝地求生》对于选手的要求同样很高，在段位之外还有一个评价标准——KDA，是按杀人、死亡、助攻计算的一个数值，普通玩家大概在 3.0 左右，而许多职业电竞俱乐部的训练营都要求入门玩家在游戏中的 KDA 值达到 6.0 以上，甚至有要求 10.0 以上的。

如果你在这些游戏里打到了高级段位，证明了自己的确有玩游戏的天赋，接下来要做的就是得到家人的支持。

在很多人特别是家长眼中，电子竞技仍然是一件“不正经”的事情，能不能靠这个吃饭很值得怀疑。如果想要得到父母的支持，就需要坐下来好好沟通，说明自己的想法和对未来的规划，并用实际行动打消家人的顾虑。

值得庆幸的是，中国的电子竞技已经得到了很大的发展，现在的社会环境也宽松得多，如果的确有这方面的天赋，并且下定决心要在电子竞技领域发展，大多数家长都会支持。

得到家人的认同之后，我们需要考虑的就是如何加入职业电竞的圈子了。

如果真的拥有极高的天赋，不用接受任何专业化的训练就可以在游戏排行榜上进入最顶尖的那一个小圈子，比如在《星际争霸2》的天梯中打到了宗师段位的前几名，或者在《英雄联盟》中成为最强王者中的佼佼者，并且能够长期保持在这个位置，这就证明了该玩家已经具备了职业玩家的素质，而且是其中最优秀的那一批，各大战队的负责人都会开出优厚的条件对其进行招揽，玩家只需要在其中挑选自己中意的就好。

但是拥有如此天赋的毕竟是少之又少，而且很多游戏都需要队友的配合，单枪匹马的玩家即使天赋再强也很难在排行榜上崭露头角。对于大多数想要进入电子竞技这一领域的玩家来说，各大电竞俱乐部的青年训练营是他们最好的选择。

为了选拔人才、培养后备力量，许多电竞俱乐部都会举办青年训练营，报名条件相对宽松，吸引了很多有志于在电子竞技领域发展的年轻人报名。进入青年训练营并不意味着成了职业电竞选手，而且在训练营接受训练期间大都没有收入，有些训练营还会向报名者收取一定的费用，甚至有些居心不良的骗子会借助电竞训练营的名头来敛财，这就需要报名者仔细甄别，以免上当受骗。

根据竞赛游戏的不同，训练营会为报名的玩家安排不同的训练科目，其中包括游戏内容讲解、战略战术分析、经典对战观摩等环节，不过最重要的则是实战训练，大量的、高强度的训练。

以《英雄联盟》的训练营为例，队员需要在早上9点起床，10点就进入训练室开始训练，13点到14点午休一个小时，接着训练到18点吃晚饭，然后19点到23点继续训练，训练结束后开始对当天的比赛进行复盘，24点之后才可以回房间睡觉。掐指一算，每天竟然有12个小时都在训练或者复盘，非常辛苦。

除了严格的训练之外，青年训练营还有非常残酷的淘汰机制，每隔一段时间就会进行淘汰赛，积分排在末位的选手就会被淘汰，只有坚持到最后的那些人，才有可能获得成为真正职业电竞选手的机会。

专业训练

每一期青年训练营结束的时候，电竞俱乐部会派出教练、领队从青年训练营中挑选优秀的学员加入俱乐部，从而成为真正的职业选手。

除了电竞俱乐部举办的青年训练营之外，很多高校也开设了电子竞技专业，考取这些专业也是成为电子竞技选手的一种方式，不过这些专业更多培养的还是电子竞技领域的从业人员，需要学习《电子竞技概论》《电子竞技产业分析》《电子竞技心理学》《电子竞技运动与管理课程》《电子竞技赛事组织》等专业课程，相比训练营来说进行训练的时间要少得多，所以并不能很快地提升玩家的竞技能力，对于以职业选手为目标的人来说并不是最有效率的锻炼、提升方式，但是未来的选择却更多。

成为职业电竞选手之后，并不意味着就可以放松训练了，相反，职业电竞选手的训练比青年训练营还要紧张得多。在很多职业电子竞技俱乐部中，选手每天都需要训练 14 个小时以上，有些甚至达到了惊人的 18 个小时，完全是废寝忘食的状态。

长期高强度的训练及比赛会给身体带来巨大的负担，因此职业电竞选手大都受到多种职业病的困扰。

电竞选手需要长时间手握鼠标并快速移动鼠标，手腕的动作会压迫到手腕正中的神经，引起俗称“鼠标手”的腕管综合征。除了移动鼠标，选手还需要不停地用食指和中指点击，每局游戏下来都需要点击数以万次，对游戏的操控越精细，所需要的点击数就越多，经过长年累月的训练和比赛，电竞选手的手指很容易患上屈指肌腱狭窄性腱鞘炎，也就是俗称“弹响指”。另外一种比较常见的电子竞技职业病是“网球肘”，也就是肱骨外上髁炎，是由于手肘不停移动，导致前臂伸缩肌慢性拉伤引起的，韩国著名电竞选手“大魔王”Faker 就因为这个疾病不得不进行手术治疗。

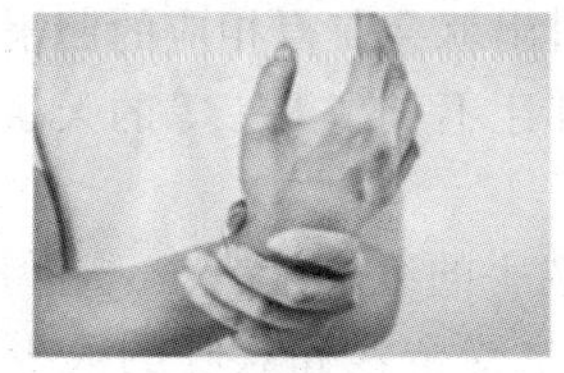

鼠标手

网球肘

除此之外，长时间的久坐对于电竞选手的脊椎和关节也会造成严重的损伤，极端情况下甚至会造成自发性气胸，一旦治疗不及时就可能会危及生命。

除了身体上的伤病，电竞选手还承受着巨大的精神压力，比赛的胜负、排位的升降、粉丝的好恶都影响着他们的精神，出国比赛需要承受的压力更大，语言不通、生物钟混乱都会影响选手的发挥。精神压力对选手的影响非常大，有些选手甚至会因为种种原因患上抑郁症，不得不早早地告别赛场。

除了自身的原因之外，电竞选手的成绩还会受到很多外部因素的影响，其中最明显的就是游戏平衡性的改变。出于各方面的考虑，游戏公司经常会通过更新版本的方式对电子竞技游戏进行调整，对于某些方面进行削弱或者加强，有人称“一代版本一代神”，这种变化对于普通玩家来说影响并不大，但对于电子竞技职业选手来说却可能是影响职业生涯的大事，比如《星际争霸》曾经在某个版本中对人族进行了大规模的削弱，直接导致人族在职业比赛中销声匿迹了很长一段时间，相关的电竞选手也都状态低迷，直到下一个版本发布之后才渐渐恢复。

当然，有付出就会有回报，至少所有成功的人都是这么说的。所有人都知道，顶尖的电子竞技选手收入十分可观，数百万美元的比赛奖金、数千万人民币的签约费、数额不详的代言费用……这些金钱足以令人眼红，更别说还有随之而来的巨大声望和无数粉丝的欢呼追捧。电子竞技事业承载着年轻人对未来的所有渴望，也吸引着无数热爱游戏的少年，他们希望通过自己的努力来换取一个光辉灿烂的未来。

然而现实是很残酷的，电子竞技和其他的体育竞技项目一样，对于天赋的要求非常高，并不是努力付出就会获得相应的回报，艰苦的训练、刻苦的学习和辛苦的比赛都比不上高人一等的天赋，虽然很不公平，但这就是事实。

和其他竞技职业一样，电子竞技选手的组成是一个“金字塔”形的结构，真正能够站在金字塔顶端享受金钱和欢呼的人少之又少，绝大多数电竞选手都是默默无闻，成为组成这座金字塔塔基的一部分。

事实上，即使拥有过人的天赋，学习和训练也非常努力，想要走上电子竞技的巅峰仍然是不够的，还需要拥有一支强大的团队，毕竟现在大多数的电子竞技游戏项目都是以团队为单位进行的。团队成员之间的磨合需要很长的时间，所以即使是顶尖的高手在加入一个新的团队之后也很难在短时间内就打出令人满意的成绩，这也是为什么电竞俱乐部旗下的战队经常整队转会的原因。

与成为一名电竞选手的苛刻条件相对应的，是其短暂的“竞技生命”。由于电子竞技对选手反应能力、操作速度的要求都非常高，而人的反应能力在 16 岁至 21 岁左右会达到巅峰，随后就开始逐渐走下坡路，到了 25 岁之后的衰退更加明显，再加上伤病引起的体能下降，虽然此时的电竞选手可能仍然拥有不错的实力，但与新一代的年轻电竞选手之间的差距已经不是用经验和战术就可以弥补的了。

现在大多数国际大赛都要求参赛选手的年龄在 18 岁以上，所以即使是一个 18 岁就开始打国际比赛的电竞天才，其最巅峰的竞技状态也不过 7 年左右，至多不会超过 10 年，然后就不得不选择退役。

退役之后的电竞选手一般会选择成为电竞俱乐部的教练或者陪练，有些名气的可以在直播平台担任游戏主播或者解说，其中的佼佼者甚至可以借助自己积累的名望、人脉和资金创业，其中最成功的例子就是李晓峰。还有很多寂寂无闻的电竞选手，在退役之后只能选择黯然离开这个他们热爱的领域。

对于大多数电竞职业选手来说，支持他们在这条路上坚持继续走下去的只是对电子竞技的热爱，是对未来的憧憬，他们也许默默无闻，但他们对电子竞技的贡献却值得我们每一个人铭记。

扫码获取

☆ 电竞事记

☆ 赛事回顾

☆ 选手故事

21 聚光灯之下

就像是其他竞技体育项目一样，电子竞技的发展离不开“明星效应”，那些站在“金字塔”顶端的佼佼者用自己的天分和努力取得了令人瞩目的成绩，也获得了令人脸红心跳的金钱和名誉，还拥有数量庞大的粉丝群体，成为整个电子竞技行业的代表。可以说，提到“电子竞技”，我们首先想到的就是那些明星人物。

对于电子竞技稍有一点了解的人来说，“Sky”这个单词承载了太多的东西，代表的是一个伟大的传奇，代表的是中国最知名的电子竞技明星，代表的是“人族皇帝”李晓峰。李晓峰可以说是中国电子竞技职业选手的代表，他的经历在很大程度上体现了整个中国电子竞技的发展史，或者说，他本身就是中国电竞发展史中重要的一部分。

1985 年 5 月 16 日，李晓峰出生于河南省汝州市，他的童年和许多孩子一样调皮捣蛋，上初中的时候就开始沉迷于街机厅，旷课打游戏，甚至还曾因为父亲的责骂而离家出走。李晓峰第一次接触《星际争霸》是在 1998 年，当时他的表弟正在玩这款游戏，并向他热情推荐。《星际争霸》的对抗性让李晓峰着迷，不过那时他并不知道自己的未来会和电子竞技联系在一起。很快，李晓峰就发现自己在《星际争霸》上很有天赋，轻易地战胜了身边的一个又一个对手，不但在当地打出了名气，还加入了当时国内知名的Home战队，成为主力之一。

2001年，西安市黄甫庄附近有一家网吧举办《星际争霸》比赛，虽然奖金只有区区500元，却吸引了很多《星际争霸》高手参加。得知这个消息之后，李晓峰毫不犹豫地买了去西安的火车票，独自一人踏上了比赛的征程。这是李晓峰第一次参加规模较大的电子竞技比赛，遗憾的是他没有取得很好的成绩，没能入围32强，只能黯然返程。更惨的是在回程的火车上还弄丢了火车票，被当成了逃票人员。

接下来的一段时间，李晓峰的电竞之路仍然挫折重重，似乎没有任何希望。

因为执着于电子竞技，李晓峰和家人产生了很大的矛盾，几番争执之后他对父亲承诺，如果不能在2002年的WCG上拿到好名次，就回家乡跟着父亲在医院里做实习医生，从此不再玩游戏。

命运好像在跟李晓峰开玩笑一样，他在WCG西安赛区的选拔赛第一轮就惨遭淘汰，李晓峰几乎绝望。不过李晓峰并没有死心，他又去参加了WCG武汉赛区的选拔赛，遭遇了水土不服、高烧等折磨之后，最终获得了季军，遗憾的是只有赛区的前两名才能参加WCG决赛，所以李晓峰最终还是与2002年的WCG无缘。

黯然回到家乡的李晓峰按照之前对家人的承诺，进入父亲所在的医院实习，在药房里开过药，在手术室里缝过针，在病房里查过房，渐渐习惯了医院的生活。

2003年李晓峰的父亲去外地的医院进修，失去管束的李晓峰迷上了网络游戏《奇迹》，好几个月都待在家里玩游戏，甚至连晚上睡觉都会爬起来查看挂机的收获，不但再没去医院实习，甚至连《星际争霸》都很少再打，这使得他的竞技状态越来越差，在2003年的WCG上没有取得任何成绩。

沉迷《奇迹》几个月之后，李晓峰发现无论他怎样在游戏中努力，却始终无法超越那些用外挂的玩家，于是渐渐对其失去了兴趣。这时恰巧郑州有一家网吧邀请李晓峰加入其麾下的战队，虽然提供的仅仅是免费的电脑训练，但为了自己的理想，李晓峰仍然欣然前往。

网吧“战队”的条件非常艰苦，因为白天网吧要营业，所以战队的训练只能安排在晚上，白天睡觉的地方在一个入口只有 1 米的小仓库里。

这段时间李晓峰最大的收获是熟悉了《魔兽争霸 3》，并且首次接触到了暴雪娱乐公司的战网平台。只用了三个月的时间，他就打到了战网国服第一的位置，在全国范围内也有了一定的名气。

2004 年年初，李晓峰的父亲结束实习回到家，发现儿子仍然在“沉迷游戏”，不由得十分愤怒。也就是在这时候，北京的电子竞技俱乐部“Hunter”开始招收电子竞技职业选手，李晓峰最终还是说服了家人，加入了 Hunter 俱乐部。

最初李晓峰是想成为《星际争霸》职业选手，不过 Hunter 俱乐部的《星际争霸》选手名额已满，俱乐部负责人看到他曾经在《魔兽争霸 3》的战网上打到了国服第一，就将他作为《魔兽争霸 3》的选手收入麾下，签了三个月的合同。

在 Hunter 俱乐部期间，李晓峰训练非常刻苦，每天都要在战网上练习对战 14 个小时以上，也取得了一些成绩，不过由于没能在全国电子竞技运动会（China Esports Games，简称 CEG）上打入北京赛区前两名，Hunter 结束了与李晓峰的合同。

就在李晓峰以为自己只能黯然回家的时候，另一位在中国电子竞技史上富有传奇色彩的人物裴乐邀请他加入刚刚成立一个月的职业电子竞技俱乐部 Yoliny。相比之前在 Hunter，李晓峰在 Yoliny 得到了更好的待遇，也拥有了更好的训练条件，这让他能够更专注于比赛，竞技状态和能力都得到了很大的提升，在 2004 年的 ACON 4 全球游戏大赛中国区总决赛上获得了亚军，并接受 WCG 组委会的邀请去韩国进行了为期数月的交流比赛。

2005 年 5 月，Yoliny 俱乐部得到美国 IGE 公司的赞助，更名为 World Elite，简称“WE”，李晓峰开始使用“WE. Sky”这个 ID 参加各大电子竞技赛事，从这时开始，幸运女神开始向他招手。

2005 年，李晓峰在法国的 ESWC 上获得了《魔兽争霸 3》项目的第四名，在 ACON 5 上获得了《魔兽争霸 3》项目的冠军，在

WCG 世界总决赛中获得《魔兽争霸 3》项目的冠军，并在 2006 年的 WCG 世界总决赛上蝉联了这一项目的冠军，除此之外还有许多大大小小的奖项，“人族皇帝”之名如日中天。接连不断的胜利带来的不仅是令人脸红心跳的巨额奖金，还有巨大的声望，可以说是名利双收。

李晓峰

2006 年，李晓峰和韩寒、朗朗、丁俊晖等人一同登上《时尚先生》杂志封面。2008 年，李晓峰和其他 9 名电竞选手一同成为奥运火炬手。凤凰卫视的《鲁豫有约》，央视的《心理访谈》《百科探秘》《体育人间》等节目都曾经邀请李晓峰作为嘉宾出席。

2008 年的电影《电竞之王》把李晓峰的事迹搬上了大荧幕，李晓峰和其他著名的电竞选手都在这部电影中本色出演。2009 年荷兰导演 José de Putter 创作的纪录片 *Beyond the Game* 讲述了“中国人皇”Sky 和“荷兰兽王”Grubby 这两位 WCG 冠军之间的恩怨情仇。

2012 年，李晓峰的自传《当李晓峰成为 Sky》出版，讲述了他的传奇经历，从中可以看到整个中国电子竞技这些年来的发展历史。

巅峰过后，李晓峰的竞技状态开始下滑，到了 2013 年，在 WCG 中国区总决赛《魔兽争霸 3》小组赛中，李晓峰的发挥非常不好，一连输给对手三场，最终在小组赛阶段就遭淘汰。比赛失利的原因其实并不复杂——此时的李晓峰已经 28 岁，早已过了电子竞技选手的巅峰时期，和那些年轻的选手相比已经没有任何优势。

2015 年 6 月，李晓峰在微博上发表长文《迟来的告别，不变的坚持》，正式宣布退役。退役之后的李晓峰转行创业，创办了上海钛度智能科技有限公司，担任首席执行官，仍然继续致力于推动电子竞技在中国的发展。

李晓峰的经历可以代表中国许多电子竞技明星选手，从不被家人理解的努力执着，追逐梦想的艰辛付出，功成名就时的傲视群雄，到退役之后的重回平淡。也许不是所有电竞选手都能像 Sky 一样成功，但他们为自己的梦想付出的努力同样值得我们所有人尊重。

除了 Sky 李晓峰之外，还有很多人凭借自己的天赋和努力，在中国的电子竞技历史上留下了自己的名字。

孙力伟是与李晓峰同时期的《魔兽争霸 3》选手，也是国内最优秀的“兽族”选手之一，他最大的优势就是超过 310 的 APM，在整个世界的《魔兽争霸 3》选手中也是数一数二的。除此之外，孙力伟还拥有良好的战术意识和出色的分析能力，在国内的大型比赛中取得了令人瞩目的成绩。早在《星际争霸》时代，当时还是少年的孙力伟就曾经击败过世界顶尖的选手 Grrrr，从此一战成名。在《魔兽争霸 3》的时代，孙力伟更是凭借对游戏深刻的理解和过人的反应力压群雄，取得一个又一个冠军，不过遗憾的是他在对战外国选手的时候会出现各种失误，经常在有优势的情况下输掉比赛，因此在国际大赛上的成绩并不太好。退役以后的孙力伟担任 iG 电子竞技俱乐部的 CEO，开始了人生的新征程。

在游戏里叫作 RocketBoy 的孟阳曾经是中国乃至亚洲顶级的 FPS 竞技选手之一，在中国乃至世界范围内的 FPS 玩家中都享有极高的声望，被称作“亚洲第一枪神”，曾经被授予“电子竞技精神领袖”称号。从 2001 年起，孟阳已经开始作为一名职业电竞选手征战在各大赛场上，曾经获得过无数的胜利和荣耀，成为中国电子竞技史上最“长寿”的电竞明星之一。

被称作“中国虫王”的孙一峰是中国最优秀的《星际争霸》选手之一，他对虫族的研究和使用尤为擅长，曾经加盟过多家职业战队，2007 年获得 WCG 中国区总决赛亚军，但因签证出了问题而无法前往美国参加决赛，成为永久的遗憾。2009 年，孙一峰在各大电竞比赛上包揽了几乎所有的殿军，因此得到了“孙殿军”的外号。虽然相比其他电竞明星，孙一峰的战绩并不算最出色，但是他对电子竞技的热爱不容置疑。2011 年，孙一峰与其他多名《星际争霸》游戏解说组成“星际老男孩”组合，进行赛事直播、制作教学录像，为推动中国《星际争霸 2》电子竞技的发展而不懈努力。

卞正伟被称作“中国最伟大的 CS 指挥官”，也是国内《反恐精英》比赛大满贯得主。卞正伟在少年时曾经是一名职业足球运动员，球队解散后一个偶然的机会接触到了《反恐精英》这款游戏，从此便进入了电子竞技的世界。经历了诸多挫折和磨难之后，卞正伟在 2005 年带领 wNv 俱乐部的 CS 战队登上了 WEG 世界总决赛冠军的宝座，成为中国最强大的 CS 战队之一。

随着电子竞技在中国的迅速发展，当年红极一时的电竞明星逐渐退役，有更多的电竞明星脱颖而出，站在了电子竞技的聚光灯下，比如《英雄联盟》职业选手 Uzi、Rookie、TheShy，比如《绝地求生》职业选手 GODV、shou，比如《王者荣耀》职业选手梦泪、陈顺吉等，这些选手都是其所在项目的佼佼者，他们的故事展示了所有电竞选手的勇气、坚持、荣耀和牺牲。英雄总免不了有迟暮的那一天，但电子竞技这个事业会在英雄们的世代交替中更加辉煌。

可以预料，在未来会有更多的电竞明星出现，我们在欣赏他们带来的精彩比赛的同时，也不要忘记聚光灯之外的那些无数默默无闻的电竞选手，他们同样也是这个世界的英雄。红花和绿叶在一起，才是美丽的花园。

22 电竞花木兰

◇

在很长一段时间里，男性选手都是电子游戏消费者中的绝对主力，在电子竞技这一领域更是如此，在等级较高的比赛中很少能看到女性选手的身影。究其原因，大概是男性比较争强好胜，更乐意通过在这片虚拟的世界中征战来展现自己的男性魅力。

随着电子竞技的普及，更多的女性开始关注这一领域，许多电竞比赛上开始出现女性电竞选手，甚至出现了全部由女性组成的战队，女子电竞逐渐进入大众视野。虽然男性仍然在电子竞技的领域中占据主导地位，但越来越多的女性在电竞领域开辟了一片自己的天地。

韩国的《星际争霸》女选手TossGirl被称为“星际女帝”，中文名徐智秀，是韩国最优秀的女性电竞选手之一，使用的是以操作难度著称的人族，APM超过了300，比很多男性职业电竞选手厉害得多，曾经在中韩《星际争霸》大师赛上击败了有“中国虫王”之称的孙一峰，孙一峰随后将自己的游戏ID

TossGirl

改为“Tossboy”，并一直沿用至今。

除了实力出众之外，TossGirl 还拥有令人印象深刻的美丽外表。为了致敬这位强大又美丽的“星际女帝”，暴雪娱乐公司在《守望先锋》中以她为原型创造了一位女性角色——D. Va。

2012 年 6 月 29 日，TossGirl 宣布退役，并在 7 月 17 日举行了退役仪式。

中国同样有许多优秀的女性电竞选手，马雪（Mayuki）就是其中之一，这位四川妹子不仅长得漂亮，而且是个学霸，在电子竞技方面的天赋同样十分惊人，2012 年开始接触电子竞技，2014 年就成为一名职业电竞选手，被 Zoo 俱乐部揽入麾下。在 2014 年的世界电子竞技锦标赛上获得《星际争霸 2》女子组的世界冠军，这是中国电竞女选手在世界大赛上获得的最佳成绩，中国国家体育总局下发公告对她进行表扬。

马雪

Scarlett 是加拿大的《星际争霸 2》女选手，被尊称为“刀锋女王”，她的人生堪称传奇。17 岁时，Scarlett 第一次接触到《星际争霸 2》，凭借出色的天赋和不懈的努力，她很快就在《星际争霸 2》的比赛中夺得了北美赛区冠军，成为最顶尖的《星际争霸 2》玩家之一。2018 年，在韩国平昌冬奥会前夕举办的英特尔极限大师赛上，Scarlett 在《星际争霸 2》项目击败了主场作战的韩国选手，夺得冠军，创造了女性电竞选手有史以来最好的成绩。除此之外，Scarlett 还是“获得比赛奖金最多的女性电竞选手”吉尼斯世界纪录保持者。

Scarlett

虽然有这些优秀的女性选手，不过在大多数电竞爱好者的印象中，女性职业电竞选手仍然是“稀有动物”般的存在，而且游戏水平大都很差，在比赛中被男性选手碾压是常态，最高级别的国际赛事上更是很少看到女性电竞选手的身影。这些印象固然有刻板、偏见的成分在里面，不过也在一定程度上反映了女性电子竞技的现状。

电子竞技并不是体力的对抗，女性相对于男性天生的体力劣势在这一领域的影响并不大，不过事实的确是女性电竞选手在大型比赛中取得的成绩并不尽如人意，比赛的观赏性也比较差，造成这个现象的原因是多方面的。

首先，男性游戏玩家的数量比女性玩家多得多，两者相差的不止一个数量级，所以相对来说，男性玩家中更容易找到对游戏充满热爱而且拥有高超游戏天赋的玩家，经过艰苦的训练和层层筛选，只有最优秀的那几个能够登上世界之巅。女性玩家的数量本来就少，其中拥有超凡天赋的更是凤毛麟角，可能有很多原本有天赋成为顶级职业玩家的女性根本没有接触过电子游戏，而成了公司前台、财务会计、学校老师等，此生都和电子竞技无缘。

其次，电竞俱乐部对女性职业选手的要求也和男性不同。对于男性选手来说，游戏水平是最重要的指标，其他比如颜值、体重、身高都可以让步，但对于女性职业选手来说，很多电竞俱乐部对游戏水平的要求并不高，反而十分看重选手的颜值、身材，还要求声音甜美好听，根本不像是招收职业电竞选手，倒像是经纪公司选拔模特，对她们的包装和培养也是偏重唱歌、跳舞、语言之类的才艺，用来练习游戏的时间自然就少了。这样选拔、培养出来的电竞女选手，成为游戏主播或者解说很容易吸粉无数，不过要让她们在游戏中打出好成绩就是强人所难了。对于女性电竞选手的苛刻要求和娱乐化培养，阻碍了很多女性游戏玩家在职业化道路上的发展，毕竟能够兼具高超游戏水准和青春靓丽外表的女玩家只是凤毛麟角。

除此之外，女性的生理条件确实会对女性职业选手造成一定程度的困扰，比如每个月的生理期女性选手的反应能力会受到一定影响，而怀孕可能会直接结束女性选手的职业生涯，虽然很无奈，不过这的确是很现实的问题。

在电子竞技发展的过程中，男性电竞爱好者的群体发展到了瓶颈期，有人提出了“女性电竞”这个概念，并且一度炙手可热。在2014 年前后，曾经出现过一批全员是女性的战队，队员大都是年轻靓丽、面容姣好、身材窈窕的美少女，有些战队甚至毫不避讳地自称为“全员模特”。

电竞爱好者大都是年轻的男性，这些美女战队一出现立刻吸引了他们的目光，获得了极大的关注。不过好景不长，男性电竞爱好者们很快就发现，这些漂亮小姑娘虽然人美声甜，不过游戏水平一般，更不用说是与职业玩家较量，这让他们进一步加深了对女性电竞选手的偏见。

虽然游戏打得一般，不过姑娘们很好看，声音也很好听，所以这些美女选手的直播仍然很受欢迎，打赏也有增无减，选手、战队和俱乐部都赚到了钱。很多人都看到了其中的商机，于是建立了更多的女子战队。与电竞战队比起来，这些女子战队更像是偶像团体，直播平台是她们展示女性魅力的舞台，而电子竞技只是一个吸引目光的噱头，仅此而已。发展到这个阶段，这些所谓的“女子战队”其实已经和电子竞技没什么关系了。

由于大多数女性电竞选手与男性电竞选手的实力在客观上存在

一定差距，能够出现在国际大型电竞赛事上的女性电竞选手少之又少，为了让这些女性电竞选手和女性电竞战队有展示的机会，出现了一些专为女性电竞选手打造的电竞比赛，比如国际女子电子竞技大奖赛、国际女子电子竞技锦标赛、《英雄联盟》电竞女神邀请赛等，不过这些比赛受到的关注与顶级的电子竞技赛事相比，还有很大的差距，商业化运营更是困难重重，很多都在举办一两届之后就销声匿迹。

过度娱乐化带来了短暂的收益，不过接踵而来的就是大量的问题。一群想要出名、出位的漂亮女孩子聚在一起，关心的都是如何博关注、争地位、抢粉丝，彼此之间想要和睦相处都已经很难了，更别说在游戏中艰苦训练、同心协力争取胜利了，这使得这些女性战队的游戏水平不升反降，比赛的观赏性越来越差，更谈不上什么竞技精神，导致面向女性电竞选手的比赛越来越少。缺少了比赛奖金和广告赞助商的投入，女性战队的生存更加艰难。

经历了这一轮的挫折之后，很多人开始反思女性电竞的发展方向，并且尝试做出改变。不过过度商业化带来的恶果却不是在短时间内能够消失的，女性职业电子竞技未来的发展到底如何，还是一个未知数。

虽然想要成为一名优秀的职业电竞选手困难重重，但作为游戏主播，漂亮的姑娘显然具有无可比拟的优势，一张美丽而精致的脸就足以吸引大量的关注，如果声音再甜美一些，说话风趣幽默些，几乎必然会受到大量的追捧，假如这位女主播还能够对游戏有深刻的理解，并且拥有不错的游戏水平，那肯定是顶级的游戏主播之一了。随着直播平台的快速发展，出现了许多各具特色的知名女主播。

韩懿莹（Miss）是当下中国最著名的电竞女主播之一，这位毕业于海南大学的川妹子曾经是一位职业电竞选手，参加过《魔兽争霸3》《星际争霸2》《英雄联盟》等项目的大型比赛，并且取得了不错的成绩。转型成为电竞主播之后，

韩懿莹

韩懿莹凭借靓丽可人的外形和泼辣流畅的风格，以及对游戏的理解和掌握，很快受到了广大电竞爱好者的疯狂追捧，收获了无数的粉丝。

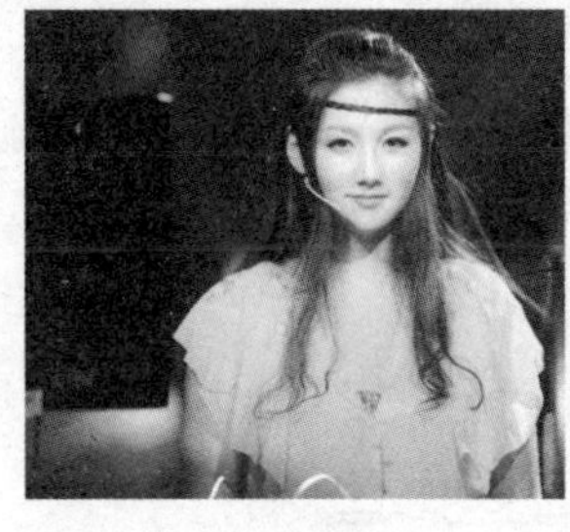

张翔玲

张翔玲（小苍）是另一位广受欢迎的电竞女主播，毕业于北京师范大学影视传媒专业，早在2004年就加入了《魔兽争霸3》女子战队Faith，当时的游戏ID是Faith. cang。2005年的世界电子竞技大赛上，张翔玲担任《魔兽争霸3》项目的解说，甜美可人的外形和优美悦耳的声音让其一炮而红，从此一发不可收拾，先后在WCG、ESWC、WEG等国际电竞大赛上担任比赛解说，获得了极高的人气，被众多电竞爱好者奉为女神。2008年，张翔玲被选为奥运会火炬手。

女性主播的风生水起无法弥补女性职业选手在电子竞技领域的遗憾，相比电子竞技产业的蓬勃发展，女子电竞在近些年的发展却乏善可陈，甚至在某些方面还有了不小的倒退。现在在国内提到女性电竞选手，大家想起来的还是Mayuki、Miss、小苍这些人，而她们都已经是在电竞领域成名十几年的“老将”了，跟她们同时代的男性电竞选手早已经退役，并有许多新晋的选手取代了他们的位置，完成了世代交替，而女子电竞领域却始终没有足够分量的“接班人”，这不得不说是女子电子竞技非常致命的缺憾。

对于女子电子竞技在未来的发展，有很多不同的声音。有些人觉得女子电竞处于弱势是事实，所以为了让女子电竞能够健康发展，应该将女子电竞和男子电竞分开；另外一些人则觉得这是对女性选手的歧视，女性的电竞高手未必不如男性，在一起比赛反而更能让女性选手在电子竞技这一领域占据更重要的位置；还有一些人觉得女子电竞应该采取回归公益的形式，先生存下来再谈发展。

近两年，越来越多的女性开始关注电子竞技这一领域，女性玩家的数量开始迅速增加，这无疑为女性职业玩家的诞生提供了重要的土壤，同时各大电竞外设厂商也开始关注这方面的市场，生产了许多适合女性玩家使用的“电竞装备”，这也为女子电竞的商业化发展提供了更多的可能性。

无论如何，女子电竞都是电子竞技这个领域不可或缺的组成部分，不应该被忽视，更不可能被遗忘。希望在未来的电竞赛场上看到更多女性选手的身影，不是作为装饰性的“花瓶”，而是作为真正的职业选手，在电子竞技的战场上征战四方，赢取属于自己的尊严和荣耀。

扫码获取
☆电竞事记
☆赛事回顾
☆选手故事

23 工欲善其事

◇ ……………………

对于大多数普通玩家来说，游戏装备的好坏其实并不太重要，只要能够顺畅地运行游戏不至于卡顿就足够了，但是对于职业电竞选手来说，在游戏运行、显示、操控上与对手有一点点细微的差距，都有可能导致最后的失败，所以拥有一套顶级的电竞装备就成了很重要的事情。

目前的电子竞技游戏大都以电脑游戏为主，所以想要进行电子竞技，首先就得拥有一台电脑，这是最基本的条件。需要注意的是，这台电脑必须是 Windows 系统，因为苹果的 iMac 虽然很漂亮，不过并不适合用来打游戏，而且很多游戏根本没法在 iMac 上运行。

一般来说，台式机拥有更好的扩展性，可以很容易地进行 DIY 组装，可根据自己的要求挑选配件，如果资金充足的话就能够达到相当强大的性能，同时因为机箱体积比较大，各个零件的散热性也更好，运行起来更加稳定——如果不停电的话。

相比台式机，笔记本电脑最大的优点是便携，几个朋友可以带着自己的笔记本来到咖啡厅或者其他地方，聚在一起“开黑”。笔记本的配置一般比较固定，很难由用户进行后续的扩展，不过现在很多品牌都推出了自己的电竞笔记本，主打游戏性能，可以顺畅地运行现阶段主流的电竞游戏。

大多数的笔记本电脑屏幕都比台式机要小得多，在游戏中会成为一个很大的劣势，特别是在《绝地求生》之类的射击游戏中尤为明显。除此之外，长时间游戏会导致笔记本的键盘位置发热严重，影响游戏的操作。

在正式的电子竞技比赛上，主办方都会为参赛选手提供台式电脑作为比赛平台，这样做一是为了让所有选手在游戏运行速度上都处于同一水平，另一个就是为了避免外挂的影响。在平时的训练中，大多数俱乐部也都会为电竞选手选择台式机作为练习平台，不过许多选手都会拥有自己的笔记本电脑，作为平日里休闲娱乐或者出门在外临时练习用的工具。

现在电子产品的发展速度非常快，由于很多电竞游戏会不时地发布新版本，除了带来游戏画面和性能的提高之外，对于电脑配置的要求也会水涨船高，所以无论是笔记本还是台式机，一两年之后都会面临“配置落伍”的窘境，台式机还可以通过更换配件来提升性能，笔记本就只能再买一台新的了。

CPU 是电脑的核心，从早期的 286、386、奔腾到现在的 i5、i7、i9，想要获得最好的游戏体验，只要买最新一代中最贵的那一款，再搭配上相应的主板就好。

内存要足够大，这样游戏载入和运行的速度才更快，所以现在电竞电脑的内存一般是 16GB 起步，32GB 也就是一般水平，64GB 甚至 128GB 的也不罕见。

相比之前的机械硬盘，固态硬盘可以极大地加快游戏载入的速度，已经成为当前电脑的标配，电竞电脑当然不会落后，硬盘越大，可以存的游戏就越多，当然这对每天玩同一个游戏的电竞选手来说意义就不太大了。

对于电脑游戏来说，显卡是仅次于 CPU 的重要部件，特别是在游戏画面日益精美的今天，显卡的作用就显得更加重要。不过只要不是追求极致的显示效果，2 000 元左右的主流显卡已经足够应付《英雄联盟》《绝地求生》等大多数电子竞技游戏了，“四路泰坦”之类的奢侈品还是留给那些不差钱的土豪吧。

对于要整天盯着电脑屏幕的电竞选手来说，一个高配置的显示器绝对是非常重要的。普通玩家对于显示器的刷新频率要求并不太高，每秒刷新达到 24 帧就可以在人眼上形成连贯的图像，但对于每秒钟操作可以达到 4 至 5 次的电竞选手来说，这个刷新频率很可能会在瞬息万变的战场上引起操作延误，所以电竞显示器的刷新频率至少需要达到每秒 100 帧，其中最高档的甚至可以达到每秒 144 帧以上，已经超过了人眼可以分辨的极限，完全解决了传统显示器的画面卡顿感与撕裂现象。

除刷新频率之外，显示器的响应时间也是非常重要的参数，主流电竞显示器的响应时间都在 1 毫秒以下。

屏幕尺寸和分辨率是另外两个非常重要的指标，更高的分辨率、更大的屏幕可以让选手获得更好的视觉感受，在包括《绝地求生》在内的某些游戏中甚至可以让选手获得更广阔的视野，但过大屏幕也会增加选手眼部和肩颈的负担，甚至引发头晕、恶心等不适症状。

在提升显示器性能的同时，显示器的外观也在发生变化，比如近些年开始流行的弧形显示器，可增强视觉效果，现在很多电竞显示器都采用了这一设计，得到了不少电竞选手的认可。

在电竞比赛的赛场上，显示器及其背后的标志是非常引人注目的，所以许多显示器的厂商都会乐意为电竞比赛提供赞助，借此宣传自己的产品。

对于电竞选手来说，键盘和鼠标就像是战士手中的枪，是最亲切、最可靠的伙伴。绝大多数电竞选手外出比赛都会带着自己的键盘和鼠标，比赛之前背着键盘包登场的电竞选手已经成为电子竞技比赛的标志之一。虽然无线键盘和鼠标非常方便，但是容易受到外界的干扰，所以职业电竞选手基本上都会选择 USB 接口的有线键盘和鼠标。

目前主流的键盘有两种，分别是薄膜键盘和机械键盘。机械键盘出现得比较早，随后逐渐被物美价廉的薄膜键盘所取代，不过机械键盘的可靠性更高，击打的手感也比薄膜键盘更加舒适，所以一直作为高端产品延续下来。随着电子竞技的高速发展，电竞选手之间的对抗极为激烈，对于键盘的可靠性和舒适度的要求也日益提高，因此机械键盘重新回到大众的视野中，并且成为职业电竞选手的必备装备之一。在这股电竞热潮的影响下，很多普通游戏玩家也乐意买一款机械键盘，体验一下职业电竞选手的感觉。除了正常键盘的按键之外，电竞所用键盘上大都带有各种快捷键，可以在游戏中设定对应的功能，为使用者带来更多的优势。

机械键盘最重要的零件就是其中的“轴体”，主要可以分为“黑轴”和“青轴”两种，也有做成其他颜色的轴体，不过大都可以归在这两类中。不同的轴体会给玩家带来不同的触感和击打体验，也有各自的优点和缺点。黑轴的优点是按键触发快，按键时的声音小，缺点是触发需要的力量比较大，通俗一点说就是按键比较“沉”；青轴的优点是触发力度小，使用感觉比较轻快，缺点是使用时的声音比较大。至于选择哪种轴体的键盘，就要看使用者的需求和偏好了。

键帽是键盘的另一个主要零件，按照材质常见的有ABS、POM、PBT这三种。ABS是常见的工程塑料，优点是成本低、价格便宜，缺点是硬度较差，而且使用一段时间之后表面就会变得比较光滑，也就是俗称的“打油”；POM是聚甲醛树脂，硬度和抗摩擦性比ABS要高出不少，而且声音非常清脆，缺点是这种材质的键帽本身表面就比较光滑；PBT是聚对苯二甲酸丁二醇酯，比POM更坚硬，手感也更好，制成的键帽不易打油，缺点就是价格比较高。

为了显得比较“酷炫”，很多电竞键盘上都会选择加装各种灯光，比如RGB灯、呼吸灯、彩漫灯、跟随灯……看起来流光溢彩，十分好看。不过这些花哨的功能对于键盘性能的提升并没有什么作用，如何选择全看个人喜好。

对于一个职业电竞选手来说，鼠标可以说是他们使用最多的东西，每分钟可能需要点击几十次上百次，战况激烈时甚至会达到200次以上，所以拥有一个顺手的鼠标是非常必要的。因为需要长时间、高强度使用，所以大多数电子竞技鼠标都比较轻，而且设计成符合人体工程学的外形，让使用者抓握时更加顺手。

鼠标最重要的参数是DPI，一般来说DPI越大，鼠标的精度就越大，在高端的FPS游戏比赛中，鼠标的性能会影响到选手的发挥，不过大部分情况下要求并没有这么严格。职业选手会根据自己的需要选择相应 DPI 的鼠标，并不是越高越好。

许多鼠标上都有可以进行编辑的快捷键，对于许多电竞选手来说十分方便，不过也有很多人从来没有用过这个功能。还有些鼠标上带有炫酷的灯光效果，和彩灯键盘一样都是按照个人喜好来选择。

其实对于职业电竞选手来说，键盘和鼠标最重要的就是顺手，其他花里胡哨的功能都可以不考虑。选手们可能需要经过长时间的摸索和尝试，才能选到一款最适合自己的键盘和鼠标。

声音在电子竞技比赛中是非常重要的信息来源，可以帮助选手提前发现敌人、获得先机，在《反恐精英》《绝地求生》这样的 FPS 游戏中作用尤为明显。因为音箱的影响范围太大，只适合在自己家里使用，并不适合电子竞技比赛的赛场，于是耳机就成了电子竞技的必备装备之一。而对于需要团队通话的游戏项目，则需要选择带有麦克风功能的“耳麦”。

对于音乐发烧友来说，耳机最重要的性能是音质，不过对于游戏玩家来说，最重要的是声音的灵敏度和音效的还原度，高灵敏度可以及时反馈游戏中的情况，高还原度可以帮助玩家判断敌人的方位和距离，所以需要耳机具有 7.1 环绕立体声，至于音质如何反而不太重要。

耳机另一个重要的方面是舒适性，作为一个需要长时间戴在脑袋上的东西，适当的重量和人体工程学设计可以极大地提高舒适度，现在的电竞耳机大都是封闭式的头戴耳机，隔音效果非常好，可以最大限度地保护使用者的听力，不过也有很多职业电竞选手会选择入耳式或者耳挂式耳机，这就看个人的喜好和习惯了。

不过对于在家里玩游戏的普通玩家来说，音箱能够提供更好的声音效果，用起来也更加舒适，除非是担心自己玩游戏的声音会影响到家人或者邻居，否则还是给电脑配一套给力的音箱，打游戏的感觉会比用耳机好很多。

对于职业电竞选手来说，每天的生活基本上都是在电脑前度过的，坐在椅子上的时间大概比躺在床上的时间要长得多，而且需要一直保持精神的高度集中，所以一把舒适的椅子对电竞选手来说是非常重要的装备。

为电子竞技专门设计的椅子被称为“电竞椅”，与一般的办公椅、电脑椅有许多的不同。电竞椅的内部骨架一般比较厚重，坐上去感觉很稳定，安全性也高。电竞椅的靠背大都比较高，并且配备了头枕，弥补了普通电脑椅头部及颈部无法倚靠休息的缺点，让使用者可以长时间保持坐姿而不会造成头颈的过度疲劳。除此之外，电竞椅的扶手、高度、倾角等都可以进行调节，可让使用者找到自己最舒适的坐姿，尽可能地避免出现鼠标手、网球肘等电竞选手常见的职业病。有些职业电竞选手甚至会按照自己的身材定做电竞椅，以便达到最舒适的效果。

电竞椅

为了突出电子竞技“青春不羁”的特点，许多电竞椅都使用了红、蓝、绿等大胆的配色，并且采用了赛车专用的材质作为椅面，不但增加了实用性，还具有很强的装饰性。随着电竞椅在电竞比赛中频频亮相，很多普通玩家都对其产生了浓厚的兴趣，很多人会选择买一把回家，以便在家里体验职业电竞选手舒爽的感觉。不过由于缺乏相应的技术标准，电竞椅的质量良莠不齐，许多所谓的电竞椅根本没有达到电竞的标准，甚至连基本的质量都无法保证，在购买之前还需要仔细进行甄别。

由于《王者荣耀》《和平精英》《皇室战争》等手机游戏成为电子竞技比赛项目，手机也成为电子竞技必备的装备之一，许多手机厂商还借势推出了“电竞专用手机”，想要在这个潮流中分一杯羹。

电竞手机的特点是屏幕大、配置高、散热好，玩起游戏来比较顺畅，其实大多数厂商的旗舰机型都可以满足，并不一定需要专门的电竞手机。值得注意的是，手机游戏直接使用手机的触屏进行操作的话，远不如电脑游戏得心应手，所以想要流畅地玩游戏，可以选择为手机配备一个游戏手柄，或者一套键盘、鼠标，可以选择转接线外接，也可以使用蓝牙连接。

随着电子竞技的迅速发展，电竞装备也随之成为关注的焦点，许多相关领域的厂商都开始创立自己的电竞装备品牌，并且加大了对电子竞技比赛的赞助投入，进一步推动了电子竞技的发展，可谓是双赢的局面。

虽然电竞装备对于电竞选手来说非常重要，但它们只能起到锦上添花的作用，真正在比赛中起决定作用的还是“人”，再强大、昂贵的装备也没法打造一个真正的电竞高手，突破自我、突破极限，这才是电子竞技最大的魅力。

24 我在看着你

◇……………

对于电子竞技来说，网络直播平台是一个非常重要的存在，特别是在中国更是如此。可以说，游戏直播是电子竞技成长的土壤，也是电子竞技走向大众的桥梁。

在电子竞技最早发展起来的韩国，与游戏相关的电视媒体非常发达，玩家可以通过电视节目来观看《星际争霸》以及其他游戏的比赛的实况直播或者是比赛录像，不过那时的“直播”和我们现在所说的略有不同，仍然是比较传统的电视节目，由电视台单方面播出。

在中国电子竞技刚起步的时候，也曾经有电视台看中了电子竞技的巨大潜力，制作了相关的电视节目，并在电视上直播游戏比赛，甚至还出现了专门的游戏频道，除了《星际争霸》《反恐精英》之类的竞技游戏，《传奇》《奇迹》等网络游戏以及具有地方特色的棋牌类游戏也会出现在电视节目中。

不过由于国内主流媒体对于电子游戏的种种顾虑，相关节目并没有受到大众的认可，没过多久就从电视上消失了，并没有引起太大的反响。

一般认为，语音聊天软件是网络直播的前身。在《魔兽世界》开始流行的时代，组队下副本是这个游戏必不可少的玩法。普通的

5 人副本还好，打字大致是可以满足交流的需要，但是对于 25 人甚至 40 人的大型团队副本来说，想要通过打字来进行团队交流和战术分配就变得非常麻烦了，而在激烈的战斗中用打字进行战术调整更是完全不可能的事情，所以当时《魔兽世界》的公会对参加团队副本的成员有一个要求——可以使用语音聊天软件进行交流，以便实时接收队长的命令。直到今天，《魔兽世界》中的公会在“开荒”副本的时候仍然对团队成员有这样的要求。

当时的语音聊天软件大都是收费使用的，所以当免费的“YY 语音”一出现，立刻就受到了《魔兽世界》玩家的热烈追捧，很快就成了所有团队副本的标配。除了团队指挥之外，YY 语音还成了“鉴定”女玩家的神器，语音频道里出现的甜美女声会引起一众男玩家的疯狂。

除了《魔兽世界》之外，YY 语音还吸引了许多其他游戏的玩家，比如《传奇》《穿越火线》等，成为重要的游戏辅助软件。随着用户的逐渐增加，YY 语音逐渐走出了“游戏辅助”的限制，成为一款综合性的语音娱乐软件，其独创的“房间”模式可以让参与者在其中用声音向听众展示自己的才华，无论是唱歌、讲鬼故事还是辩论都没问题，现在看来，已经具备了网络直播的雏形。

网速的提升使高质量视频的传输成为可能，一大批视频网站迅速发展起来，同时 DOTA 的兴盛和随后《英雄联盟》的发布让此类游戏的视频成为视频网站上的热点，吸引了大量玩家观看，不过视频制作的周期很长，很难满足观众的迫切需求。既然来不及制作视频，那想办法让其他人直接看大神玩游戏不就好了？在这种需求的推动之下，游戏直播应运而生。

2012 年，YY 语音推出了游戏直播插件，成为第一家游戏直播平台。在 YY 直播出现之前，职业电竞选手和战队除了比赛奖金和广告代言之外几乎没有收入，而 YY 直播不但给他们提供了签约收入，直播中还可以直接收到粉丝的打赏，这样优厚的条件立刻吸引了众多现役或者退役职业电竞选手、职业电竞战队、民间大神玩家等“高手玩家”入驻，YY 直播获得了当时最优秀的一批游戏内容生产者，接着就顺理成章地拥有了数量巨大的观众。

YY 直播的成功吸引了许多资本涌入直播这一领域，在资本的推动下，直播领域很快就涌现出斗鱼、龙珠、熊猫、战旗、哔哩哔哩、快手、花椒等一大批直播平台，同时 YY 直播改名为“虎牙直播”应战，一时间直播平台之间硝烟弥漫，激烈的竞争被称为“千播大战”。此时的直播已经不再仅限于电子竞技和电子游戏，而是百花齐放，涉及各行各业，不过电子游戏和电子竞技始终是其中非常重要的一个组成部分。

虎牙直播

为了吸引电子竞技爱好者，很多直播平台都会购买大型电子竞技赛事的转播权，在自己的平台上进行现场直播，或者直接对比赛进行赞助，甚至举办自己的大型竞技比赛。通过直播平台这个渠道，中国的电竞爱好者能够第一时间看到世界最顶尖的电竞比赛，这在很大程度上弥补了电视媒体在电竞领域缺席而带来的遗憾，同时也让中国的电子竞技产业变得更加成熟。

直播平台在飞速发展的同时，也产生很多隐患，比如不健康内容、刷数据、网络攻击等，不过最大的问题还是缺乏盈利模式，大多数直播平台都处于亏损状态，无论是打赏抽成、广告推广，还是电子商务，都很难提供足够的盈利来支撑直播平台的发展。

对于电竞游戏直播来说，最让人头痛的是版权问题——玩家到底有没有权利用游戏厂商开发或者代理的游戏进行营利性直播？游戏画面的版权归属于游戏厂商还是玩家？这些都还没有确切的答案。在游戏推广之初，游戏厂商巴不得有更多的主播和平台直播自己的游戏，不过当游戏的热度起来之后，他们就开始用“版权”这一法宝来限制主播，颇有“卸磨杀驴”的嫌疑。许多游戏厂商已经开始或者计划对主播和直播平台提起针对游戏版权的诉讼，目的也很明确，就是通过构筑“版权壁垒”来迫使游戏主播和观众转向本公司建立的直播平台。如果接下来各大游戏厂商都建立起自己的版权壁垒，势必会影响到游戏直播的发展。

经过数年激烈甚至是残酷的竞争，许多实力不足的直播平台都以关门倒闭收场，其中就包括“熊猫直播”。目前的直播平台已经进入了巨头时代，虎牙、斗鱼两家龙争虎斗，腾讯旗下的企鹅电竞依托腾讯这个巨型航母，大有迎头赶上甚至反超的架势。

直播平台的兴盛给电竞选手带来了丰厚的收益，特别是那些拥有一定知名度的退役电竞选手，很多都选择加入直播平台成为游戏主播，既可以获得平台的高额签约金，还可以拿到打赏的分成，其中有些知名主播的收入甚至比在职业电竞选手时期的收入还要高得多。

不过并不是所有的主播都能获得丰厚的回报，很多小主播只能在默默无闻中苦苦挣扎，甚至连温饱都无法保证。

主播的分成占了直播平台盈利中的很大一部分，知名的大主播拥有大量的粉丝，可以为平台带来可观的流量，所以平台愿意花费天价与其签约，而没什么名气的小主播只能接受平台开出的条件，没有任何商量的余地。如果碰上平台经营不善，欠薪跑路，知名的大主播还可以带着粉丝转投其他平台，而小主播只能无奈地成为牺牲品。

直播圈内还有一个潜规则，就是如果新人主播想要发展得好，就必须加入“公会”，公会可以给新人主播带来迫切需要的流量，但也会收取不菲的费用，这应该是一个直播圈内人尽皆知的秘密。除非是已经拥有极大名气的顶级主播，否则个人主播根本无法与公会的巨大流量抗衡。

除了原本就拥有一定知名度的电竞选手之外，直播平台还涌现出了一大批各具特色的知名游戏主播，他们可能是现役或者退役的职业电竞选手，也可能是电子竞技的爱好者，不过都为电子竞技和直播平台的发展做出了卓越的贡献。在这些主播中，有的有才，有的有貌，有的风趣幽默，有的爽朗泼辣，还有的非常有“特色”，黄旭东就是其中的一位。

黄旭东的网络名是“小色”，曾经和著名电竞选手孙一峰组成了“星际老男孩”组合，制作《星际争霸》和《星际争霸 2》的教学视频，不过真正让他为广大网友所熟知的，却是其“乌鸦嘴”超能力，网友甚至为其专门创作了一个新词——“毒奶”。“奶”一般指的是网游中为自己或同伴恢复生命值，“毒奶”的意思却正好相反——“奶”谁谁死！

黄旭东

黄旭东的超能力首次展现是在 2014 年《星际争霸 2》世界锦标赛的直播中，在当时的一场小组赛中，黄旭东认为选手 Jim 的三个巨像占据了巨大的优势，于是在解说中说道：“三个巨像呢，在输出！好，还有两个巨像！Jim 出线啦！还有两个巨像！打赢啦，这两个巨像太威武啦！”话音未落，Jim 的三个巨像全部阵亡，随后输掉比赛。

接下来的另一场小组赛中，黄旭东认为其中一位选手 TooDming 肯定会赢得比赛，因为他拥有 180 人口，而且有飞龙，而对手 Alicia 只有 120 人口。黄旭东断言：“飞龙骑脸怎么输！”结果是 TooDming 操作失误，最终输掉了比赛。

这两次的“毒奶”让黄旭东一举成名，“飞龙骑脸”也成为当时《星际争霸》爱好者津津乐道的段子。

在同年的《星际争霸 2》世界锦标赛决赛中，黄旭东的“毒奶”威力再次显现，可谓天崩地裂、生灵涂炭。在总决赛 16 进 8 的第一场比赛进行过程中，作为解说的黄旭东对所有参赛选手做了一个评价，认为 Classic、soO、Zest、herO、INnoVation、Taeja 这六位选手实力最强，冠军必然会在其中产生，而 Life 和 MMA 是所有选手中实力最弱的两个，特别是 Life“真的有点菜”“绝对是只鸡”。接下来的比赛中，Classic、soO、Zest、herO、INnoVation、Taeja 纷纷败退，而 Life 和 MMA 则在决赛会师，Life 最终夺冠。

2015 年 11 月 17 日，《星际争霸 2》的资料片《虚空之遗》的上市庆典中，黄旭东和孙一峰受邀对战韩国选手 Flash，双方在比赛现场见面，黄旭东亲切地对 Flash 说：“希望你以后打好比赛。”比赛之前，孙一峰问黄旭东，如果 Flash 这次输了会不会退役。黄旭东回答：“哈哈哈，我相信应该不会的。”这次比赛的结果是黄旭东和孙一峰赢了比赛，Flash 在 12 月 1 日宣布退役。

2016 年在法国《星际争霸 2》国家杯的决赛中，韩国队对阵东道主法国队，黄旭东在赛前发言：“韩国输不了的啊，我跟你们说，这比赛可能 5:0 就结束了，韩国要是输了，我马上就把微博名改为‘毒奶色’。”结果是法国小伙 MarineLorD 横扫韩国队，而且果然打出了 5:0 的惊人战绩，这一盛事被网友称为“电竞毒奶之星际法国大革命”。黄旭东的微博名因此改为“毒奶色”，一时被传为笑谈。

在 2017 年的《星际争霸 2》世界锦标赛决赛中，黄旭东再次发威，预测冠军将在 Showtime、Nerchio、Serral、Snute、uthermal、Major 这六位选手中诞生，Neeb 绝对夺不了冠，而且“碰到虫族都得死”，韩国选手莽霸“连 time 都打不过”。结果是被他看好的六位选手全被淘汰，Neeb 以 4:2 击败 Nerchio 夺冠，中国选手 time 被韩国选手莽霸击败淘汰。至此，黄旭东“毒奶”之名如日中天，闻者心惊，见者胆寒。

不过既然黄旭东的“超能力”如此惊天地泣鬼神，肯定就有人想要借助其力量达到自己的目的。2017 年的《英雄联盟》世界锦标赛八强赛中，WE 战队对战百度云战队 C9，WE 的领队想要借助黄旭东的神奇超能力，于是在赛前悄悄塞了个红包给他，并说 C9 是一支很强的战队，他们根本打不过。黄旭东收到红包，开心地把这句话重复了一遍，于是 WE 就赢下了第一局。回到家之后，黄旭东发现红包只有 88 块，不开心地发微博抱怨，WE 随即连输两局，吓得立刻补足了尾款。心满意足的黄旭东再次“发功”，发微博说“C9 强的一匹，WE 今天下午打个锤子”，接着 WE 就连赢两局获得最终胜利。

无论黄旭东的“超能力”是真是假，他确实以自己的方式让更多人了解了《星际争霸》，了解了电子竞技，对游戏直播和电子竞技做出了实实在在的贡献。除了黄旭东，还有无数游戏主播活跃在各大直播平台，用他们自己的方式支持着中国电子竞技的发展。

扫码获取

☆电竞事记
☆赛事回顾
☆选手故事

25 如火的热情

◇ ……………………

随着电子竞技的迅速发展，电子竞技已经被很多人接受，在直播平台推动下，网络上诞生了一大批电子竞技的“粉丝”，也可以叫做“电子竞技爱好者”。一般来说，“电竞粉丝”的定义非常宽泛，可能是对某一款或者某一类游戏感兴趣，喜欢在直播平台或者视频网站上看相关的视频，也可能是因为喜欢某个电子竞技明星或者主播，将其作为自己的偶像，愿意为其赴汤蹈火，还可能是身边有朋友喜欢，所以也就跟着喜欢了，无所谓是不是电竞，只是为了增加与朋友聊天的谈资。

粉丝是电子竞技存在的基石，正是因为他们对电子竞技的关注，这个领域才会有商业价值，才会得到更好的发展，可以说没有粉丝，就没有现在的电子竞技。

因为某款游戏而关注电子竞技的粉丝可以被称作“游戏粉”，早期的电子竞技粉丝大都属于这一类。从《星际争霸》开始，在国内的游戏论坛上就开始出现相关的讨论区，玩家会在上面发布攻略秘籍、交流游戏心得、分享游戏录像，随着电子竞技在韩国的兴起，许多韩国电子竞技比赛中《星际争霸》的录像开始在论坛上流传，也催生了国内第一批电子竞技爱好者群体。由于网络带宽的限制，此时并没有游戏直播平台，也没有视频网站，玩家之间分享精彩比赛都是靠上传和下载《星际争霸》游戏内存储的录像文件。

此时的电竞爱好者以年轻男性为主，讨论的大都是游戏技巧、游戏背景、游戏大赛之类的与游戏相关的内容，而职业电竞选手因为拥有高超的游戏水准，受到了这些电竞爱好者追捧，不过这些电竞爱好者欣赏电竞选手是因为其高人一等的操作和战术水平，所以当电竞选手在赛场上表现优异的时候肯定能得到诸多赞美，一旦失误就很可能会被骂得狗血淋头，用词肯定不会很优雅，粗俗、犀利，形成了电子竞技圈子里一种独特的文化氛围。对于女性玩家来说，想要融入这样的电竞氛围是一件非常困难的事情，而大多数女性对于电子竞技游戏并没有太多的热情，更不是这些游戏产品的消费者，所以电子竞技比赛的组织者和提供赞助的游戏厂商也有意无意地选择将她们忽略。

随着电子游戏和电子竞技的不断发展，出现了更多的游戏，也就出现了更多的“游戏粉”。根据所关注的游戏不同，这些游戏粉之间存在着各种潜移默化的“鄙视链”，比如《星际争霸》的粉丝认为《魔兽争霸 3》的操作太过“小儿科”，《英雄联盟》的粉丝对《王者荣耀》嗤之以鼻，认为它是“山寨货”等。

除了不同游戏之间的比较，同一款游戏的爱好者也会因为对游戏中某一部分的偏好形成不同的“团体”，比如《魔兽世界》中势不两立的“联盟”和“部落”玩家，即使在游戏之外也是泾渭分明，一旦见面就火花四溅；《星际争霸》中“人族”“神族”“虫族”都有自己的忠实拥趸，一有机会就会展开“最强种族”争夺战；在 DOTA、《英雄联盟》《王者荣耀》这样的 MOBA 游戏里，几乎每个英雄都有摇旗呐喊的支持者，为了“最强英雄”“最受欢迎英雄”的称号归属而争吵不休。

电子竞技兴起之后，很多“游戏粉”都会按照自己的喜好成为某个电竞俱乐部或者某支电竞战队的支持者，也可以称他们为“电竞爱好者”。对于这些电竞爱好者来说，电竞选手表现得好才是他们支持的理由，一旦选手输了比赛就很可能会因为种种原因被骂得狗血淋头，包括皇族在内的很多战队都曾经因为比赛失利被口诛笔伐，甚至不得不黯然解散，虽然是“爱之深，责之切”，但这样的氛围对于电子竞技的发展并没有什么好处。

直播平台兴起之后，许多职业电竞选手都开始在直播平台上进行游戏直播，同时涌现出了一批民间高端玩家主播，基于之前在电竞爱好者中的基础，很快就培养了一大批忠诚的直播观众，这些主播也成为各个平台高价争相招揽的对象。直播平台看重的是这些主播带来的用户和流量，而这些主播也没有让平台失望，为直播平台的繁荣做出了卓越的贡献，这个时期电子竞技的主要支持者仍是以男性为主的电子竞技爱好者。

用户和流量都有了，直播平台接下来要做的当然就是变现，不过很快他们就发现了问题：这些电子竞技爱好者的消费意愿并不强，从他们身上能够挖掘出来的价值远远不足以弥补直播平台的付出。与此同时，电子竞技俱乐部在盈利上同样遇到了瓶颈，比赛的奖金和直播平台的分成已经无法满足发展的需要。在寻找解决办法的过程中，韩国的做法提供了一条新的思路。

韩国的电子竞技产业起步非常早，经过多年的发展已经非常成熟，并且和韩国的“偶像团体”结合在一起，将韩国电竞选手按照偶像明星的方式进行打造，形成了一股令人耳目一新的“电竞偶像”风潮。

2015 年，中国俱乐部开始从韩国大量引进电竞选手作为外援，和这些选手一起进入中国的还有韩国的“电竞偶像”运作模式。相比国内的电竞选手，这些韩国选手大都经过严密的“偶像化”包装，外表看起来更加精致、俊朗，还有各种“人设”加身，很快就吸引了国内许多女性的注意，收获了大批的支持者，其中绝大多数都是年轻的女性。如果说之前中国电子竞技的主要支持者是“电竞游戏爱好者”的话，从这时候起，中国电子竞技的主要支持者就变成了“粉丝”。

在这些韩国选手身上，国内的电竞俱乐部和直播平台看到了粉丝经济带来的巨大经济效益，开始对国内职业电竞选手进行“偶像化”的打造。电竞选手的技术水平不再是能否受到粉丝追捧的唯一因素，颜值和人设同样非常重要。

首先是外表的包装，这一点在现代强大的化妆技术和美颜滤镜的帮助下并不困难。大部分电竞选手都是20岁左右的年轻小伙儿，正是人生中最朝气蓬勃的年纪，只要稍微注意一下外表的修整和美化，眨眼之间就可以从“颓废宅男”变身成“帅气男神”。

接下来是“人设”的建立，这一点和偶像明星的操作完全一样，人设的作用是把一个人身上的某些特质无限放大，把这个人变得简单，从而更容易引起粉丝的共鸣。照着这个路子，只要稍微有点名气的电竞选手都会被俱乐部按照其特点准备好相应的人设。如果选手寡言少语，他的人设就是高冷男神；如果选手喜欢聊天，他的人设就是贴心暖男；如果选手曾经在大赛上夺冠，他的人设就是强势冠军；如果选手的成绩不理想，他的人设就是悲情英雄。

选手的人设搭建好之后，接下来就是推广营销了，当然也是把偶像经营的那一套照搬过来，其中最重要的就是“带节奏”“炒CP”。这样打造的电竞战队其实和偶像团体非常相似，都是一群年轻帅气的年轻人聚在一起，为了同一个目标而努力奋斗，挥洒热情似火又激情澎湃的青春，再加上挫折、误解、沉沦、重回巅峰等套路，这种偶像剧一般的设定满足了许多女性对于青春的美好想象，很容易吸引大量的女性粉丝。

和之前的电竞爱好者相比，这些女性粉丝大都不太关注游戏，她们喜欢的是电竞选手这个人，虽然因为爱屋及乌会去了解一下选手所在的游戏项目，但大多数都仅限于“了解”而已，甚至不一定会去尝试着玩一下，对于她们来说重要的不是游戏，而是和选手同甘苦，共进退，“赢了一起狂，输了一起扛”，这才是最重要的。

这些粉丝的忠诚度一般都比较高，而且无论她们喜欢的电竞选手竞技状态如何，比赛中取胜还是失利，她们都会义无反顾地表示自己的支持，而且不许选手遭到半点非议，具有极强的斗争精神。她们也更愿意掏钱支持自己的偶像，而且行动力也更强，在许多比赛的现场、战队入驻的酒店以及路过的飞机场都可以看到她们的身影，应援牌、荧光棒等应援物品是她们手中的标配。很多粉丝都会自掏腰包为自己喜欢的电竞选手制作周边，设计动漫形象，简直比选手所在的俱乐部还要热心。

电竞粉丝

对于电竞俱乐部来说，这些热情的粉丝不但可以带来周边售卖、直播打赏、主场票房等直接收益，还极大地提升了俱乐部的无形价值，从而吸引到更多赞助商带来丰厚的投资，可以说是无本万利的美事，所以现在的电竞俱乐部都非常注意粉丝的培养和维护，会设置专门的人员对粉丝进行管理和引导，为粉丝提供各种便利，比如在比赛现场为前来看比赛的粉丝提供应援用品，甚至有的电竞俱乐部会在私下里为粉丝中的积极分子提供金钱作为奖励。拥有多少粉丝，已经成为考量电竞俱乐部商业价值的重要指标之一。

粉丝的增加给电子竞技带来了实实在在的商业利益，为电子竞技产业带来了新鲜的活力，成为推动电子竞技发展的主要动力之一，然而随着粉丝群体的扩张，许多娱乐圈里的陋习也被带到了电子竞技这个圈子里。

有些激进的粉丝对于自己喜欢的电竞选手呵护备至，容不得别人对其有半点批评，不但会使用大量评论、点赞的方式进行“控评”，还会以购买流量的形式为自己喜欢的选手“刷榜”，一旦发现网上有不利于选手的言论，就组团进行举报力求将其封杀，如果无法达到目的，还会以私信的形式进行威胁，甚至发起“人肉搜索”。如果认为战队和俱乐部对自己喜欢的选手“不公平”，这些激进的粉丝就会采用“爆吧”“刷屏”等方式毫不留情地向俱乐部施压。除此之外，电竞选手的粉丝之间也会互相攻讦，其中少有理智的分析判断，最多是无脑的人身攻击，甚至是恶意的造谣中伤，有个别极端的粉丝甚至会将击败自己偶像的选手照片做成“遗照”发布，性质极其恶劣。这些事情不但损害了电竞选手和电竞粉丝在圈外人眼中的形象，也对电子竞技的健康发展产生了很不好的影响。

对于之前一直在关注电竞的资深爱好者来说，电竞圈子的这些变化让他们感觉措手不及，其中很多人都觉得受到了冒犯，于是向这批新加入的粉丝发起了反击，双方之间的争论、攻击甚至是骂战屡见不鲜，谁也奈何不了对方。不过也有很多人觉得这样没什么不好，反而积极地融入这个新的氛围中，开始用自己丰富的电竞知识给这些新粉丝“补课”，从而让他们能够深入地了解电子竞技。

客观来说，粉丝的存在对于近些年电子竞技的高速发展功不可没，也为电竞选手退役后的生计问题提供了新的解决方案，虽然可能存在将电子竞技过度娱乐化的问题，不过绝对是功大于过。

不过即使经过“偶像化”的“魔改”，电子竞技从本质上来说仍然是一种竞技体育，和娱乐圈有很大的不同，其中最重要的一点就是，比赛成绩对于职业电竞选手来说仍然是最重要的。如果某个选手拥有粉丝无数，却在比赛中屡战屡败，他肯定不是一个优秀的职业电竞选手，倒不如早点退役去做主播，或者转行去进军娱乐圈。

真正的电竞“大神”，还是需要在赛场上力压群雄才能证明自己的实力，否则即使颜值逆天、粉丝无数，也终究无法登上电子竞技的巅峰。

26 电竞与文化

◇ ……………………

随着电子竞技的飞速发展，其影响力早就突破了竞技游戏的领域，在小说、漫画、电视、电影、游戏等领域遍地开花，成为一种影响广泛的文化现象。

有许多网络小说都是以电子竞技为背景的，这些小说还有一个专门的类型名称——“电竞小说”，不过虽然都是跟电子竞技相关，这些小说的内容却是五花八门，从谈情说爱的言情小说到美女成群的后宫小说，从激昂奋斗的励志小说到尔虞我诈的职场小说，从穿越重生的幻想小说到兄弟情深的热血小说，可谓是包罗万象——电竞是个筐，啥都能往里装。

提起电竞小说，就不得不说蝴蝶蓝创作的《全职高手》，这本书是名气最大、影响最广泛的电竞小说之一，可以说定义了电竞小说这个类别。

《全职高手》的剧情并不复杂：因为被俱乐部排挤，电竞业内的传奇高手被迫退役，在朋友的帮助下重新组建了一支新的战队，重新回到巅峰。

在《全职高手》里，作者虚构了一个名为《荣耀》的游戏，是小说世界中最受欢迎的游戏，全球无数的玩家为之疯狂，相关的竞技赛事受到整个世界的关注，所有的职业电竞俱乐部和战队都围绕这个游戏组建。按照作者的描写，《荣耀》里面的角色有等级、有装备、有技能点，装备需要用打怪掉落的材料进行强化，还会在角色死亡后掉落丢失，所以比起电子竞技游戏，《荣耀》更像是一款网络游戏，但这并不妨碍《全职高手》成为一本优秀的电竞小说。

《全职高手》的主角叶修是《荣耀》里的超级高手，不但操作无人能敌，还是“四大战术师”之首，其使用的角色“一叶知秋”在游戏中被称为“斗神”，就是这样一位近乎完美的顶级高手，在故事的一开始就被俱乐部扫地出门，因为他从来不在公众面前露出自己的真面目，没法接广告代言，无法为俱乐部带来经济利益，而且他也不再年轻，已经到了电竞选手职业生涯的暮年。

《全职高手》

退役后的叶修在战队对面的网吧里当上了网管，网吧的美女老板是他的铁杆粉丝。在这位网吧老板的支持下，叶修网罗各路稀奇古怪的奇葩人才，组建了一支新的战队，历经重重磨难，再次登上了《荣耀》的巅峰。

《全职高手》里的电竞世界非常纯粹，所有的电竞选手都是以冠军为日标，无论是主角的朋友还是对手，甚至是逼他退役的俱乐部老板，全都是把《荣耀》当成了自己一生的追求，这甚至比现实中的电子竞技还要纯粹。

就像是现实中的电竞比赛一样，《荣耀》的冠军战队只能有一个，所以对于大多数人来说即使倾尽全力去努力也很难登上冠军的宝座，最终只能黯然接受失败，甚至不得不离开自己最心爱的赛场，留下太多的遗憾和无奈，然而这一切也不能阻止更多的电竞选手前赴后继地向冠军的荣耀发起冲击，因为那是他们一生的梦想。

这就是《荣耀》，这就是《全职高手》，这就是电子竞技。

《全职高手》的小说引起了一阵电竞小说热潮，随后该小说被改编成了漫画、动画、舞台剧和电视剧，成为此类小说中的佼佼者，在小说爱好者和电竞爱好者中都很受欢迎。

《全职高手》算是比较“正统”的电竞小说，不过电竞小说中数量最多的却是言情小说，大都是女主角或者男主角和电竞大神谈恋爱的故事，其间打打闹闹、哭哭啼啼、酸酸甜甜、恩恩怨怨，最后有情人终成眷属，对于这些小说来说，电竞并不是重要的因素，只是爱情故事中可以替换的背景而已。

还有一类比较多的电竞小说是“重生”类，一般讲的是某个电竞大神因故去世，重生回到数年之前，在重新奋斗的同时弥补了人生遗憾，或者是某个普通玩家重生成为电竞大神，带领团队努力奋斗，最终走上巅峰。

由于这些电竞小说的作者对于电子竞技的了解深浅不一，所以小说中经常会出现各种稀奇古怪的谬误，甚至错漏百出，也因此被不少电竞爱好者所诟病。不过小说毕竟不是纪实文学，无论是哪种类型的电竞小说，描写的都是作者加入种种想象之后的电子竞技世界，和真正的电子竞技有一些差距也是理所当然的，这也是小说的魅力所在。

动漫和小说有着千丝万缕的联系，随着国内动漫产业的飞速发展，许多小说都被“动漫化”，比如《全职高手》就被改编成了漫画和动画。同时出现的还有许多精彩的原创动漫，由于动漫和电子竞技的用户群重合度很高，以电子竞技为题材的动漫作品不在少数，有些是以《英雄联盟》《王者荣耀》等现实存在的游戏为背景，还有许多是自己创造出一款并不存在的电竞游戏。

与小说和漫画相比，电影和电视媒体具有更强的视觉冲击力，更容易被大众所接受，从电子游戏诞生起，就出现了许多相关的影视作品。

任天堂公司投资制作的 *The Wizard* 算是最早关于电子游戏的电

影，虽然当时还没有电子竞技的概念，不过电影主角中的弟弟却是名副其实的游戏高手，甚至连旅费都是一路上打游戏赢来的。

《头号玩家》是史蒂文·斯皮尔伯格执导的科幻电影，影片中的主要场景都在一个名为《绿洲》的游戏里，这是一个供全世界所有玩家同场竞技的舞台，电子游戏和电子竞技已经成为这个世界的主要生活方式，主角带领自己的队友突破重重困难，最终得到了“绿洲”的三把钥匙，成为这个游戏的新一任主人。虽然《头号玩家》是一部科幻电影，不过其中却不乏关于电子竞技的情节，比如刺激的飞车、残酷的战斗、丰厚的奖励等，也许在不久的将来，我们就可以玩到电影中类似的游戏了。

《头号玩家》

由于国内社会对于电子游戏和电子竞技一直持否定的态度，所以主流的电视、电影制作者在很长一段时间内都在回避这方面的题材，不过在这一时期仍有许多关于电子竞技的电影出现。

国内最早涉及电子竞技领域的电影是2008年卢正雨执导的《电竞之王》，讲述了一个电竞少年顾晓飞的成长故事，“人皇”Sky在这部电影中本色出演，同时他也是主角顾晓飞的原型。现在看来，这部电影的制作实在算不上精良，不过在当时能够拍摄出反映电子竞技的电影已经是一件很不容易的事情了。

近年来随着电子竞技的迅速发展，越来越多的影视公司注意到了这个领域，出现了许多相关题材的影视作品。

《LGD超神归来》这部电影讲述的是LGD战队的成长历程，根据LGD俱乐部的真实事迹改编，由包括俱乐部CEO在内的LGD成员本色出演，不过由于改编得太过严重，导致无论是 LGD 俱乐部的粉丝还是普通电竞爱好者都难以满意。

《我是中国 DOTA 的希望》讲述的是一群即将毕业的大四学生，在学校一起游戏、一起成长的故事，DOTA 是这部影片非常重要的组成部分，成为贯穿全片的重要线索，不过这部影片本质上还是一部青春校园爱情喜剧片。

由于政策方面的约束，与电子竞技相关的电视剧无法在电视台播出，所以大都采用了“网络播出”的形式。除了《全职高手》改编的电视剧之外，近些年还出现了《陪你到世界之巅》《电竞纪元》《梦想 X 计划》等许多以电竞为背景的电视剧。

在这些电影和电视剧中，编剧和导演都根据自己的想法对电子竞技进行了提炼、加工，但由于他们对电子竞技的了解深浅不一，理解也不尽相同，早期的电竞影视剧中常会有某些看起来似是而非的“电竞元素”，错误百出，让人哭笑不得，让电子竞技爱好者嗤之以鼻，甚至会使普通人对电子竞技留下错误的印象，在一定程度上阻碍了电子竞技的发展。随着电子竞技影响力的提升，“圈外人”对于电子竞技的了解越来越多，影视剧中的电子竞技形象也开始变得更加真实起来，影视剧也已经成为电子竞技宣传推广的一个重要途径。

比起经过改编、美化的电视剧，纪录片中展现的电子竞技更加真实，也更加残酷。*Beyond the Game* 是 WCG 主题曲，同样也是一部纪录片的名字，这部纪录片由荷兰导演执导，讲述的是 WCG 的世界冠军李晓峰和 Grubby 的故事，以及他们在电竞之路上成长的心路历程，片中的高潮是两人在 2007 年 WCG 总决赛上的较量，除了这两位冠军之外，还有许多其他优秀的电子竞技选手都出现在这部纪录片中。从某种程度上来说，这部纪录片是对 WCG 这场全球游戏盛会的全方位展示和记录，在今天看来尤为珍贵。

《身经百战》讲述的是黄翔（TH000）的故事，他是 2013 年 WCG《魔兽争霸 3》项目的世界冠军，不过这部纪录片讲述的重点却不是黄翔在 WCG 赛场上的辉煌和胜利，而是他在得到冠军之后的故事。时年 24 岁的黄翔反应已经开始衰退，此时《魔兽争霸 3》

这款游戏也开始没落，这位曾经的世界冠军必须对自己的未来做出选择。很残酷，很无奈，不过这是许多职业电竞选手都需要面对的。

除了这些第三方制作的纪录片之外，现在很多电子竞技俱乐部都会投资制作自己的纪录片，用这种形式来展示俱乐部和旗下电竞选手在生活、训练和比赛中最真实的一面，皇族俱乐部基本上每年都会在视频网站发布多部视频纪录片，用这种方式记录了其参加的每一场大型赛事背后的跌宕起伏，从中可以看到电竞选手在电竞训练营经历的艰辛和磨难，为皇族俱乐部和中国电子竞技的成长留下了不可多得的真实记录。

随着电子竞技逐渐被大众所接受，包括中央电视台在内的主流媒体也开始关注这一领域。《电子竞技在中国》是由中央电视台和腾讯电竞共同制作的纪录片，记录了中国电子竞技的发展历程，在国内外的 30 多个城市取景，这部纪录片的出现标志着电子竞技已经开始被主流媒体所认可。

电子竞技是从电子游戏中诞生的，与游戏有着天然的联系，当电子竞技成为一种受人关注甚至追捧的社会现象之后，电子竞技自身也被做成了电子游戏，比如《电竞人生》《电竞俱乐部》等都是以电子竞技为背景，此类游戏大都属于模拟经营类型，玩家在其中需要扮演不同的角色，从不同的角度了解电子竞技这一领域的点点滴滴。

在《电竞人生》中，玩家扮演的是一个电子竞技爱好者，从业余玩家开始，通过不断的训练、比赛提升自己的能力，加入职业俱乐部，率领战队战胜强敌，登上世界冠军的宝座，成为电子竞技的传奇。而在《电竞俱乐部》中，玩家所要做的是创立并运营一个电子竞技俱乐部，从招募选手开始组建战队，通过训练提升选手的能力，征战全世界各大电竞赛事赢取奖金，最终成为世界最强的电竞俱乐部。

虽然模拟游戏的内容与真实的电子竞技有很大差距，不过这些游戏仍然在一定程度上重现了电子竞技的诸多方面，让普通玩家也可以体验职业电竞选手的生活，这里既有胜利登顶的激昂，也有伤病退役的哀伤。

到了现在，电子竞技的影响力已经渗透到社会生活的方方面面，成为一种不可忽视的文化现象，逐渐被整个社会所接受。这种文化现象催生出了多种多样的文化产品，反过来进一步推动了电子竞技的发展。

27 暗中的阴影

◇

时至今日，电子竞技的影响已经扩散到全球数十亿人，成为一个数千亿规模的巨大产业，形成了错综复杂的上下游产业链，而在这些产业链中不乏灰色甚至是黑色产业，如同附着在身体上的病灶，对电子竞技的健康发展造成了不利的影响。

提到电竞“黑产”，几乎所有玩家首先想到的肯定是外挂。外挂并不是电竞游戏的特产，事实上，从网络游戏出现开始，外挂就像是影子一般始终伴随在左右。

早期的游戏中没有外挂，却有被称为“秘籍”的东西。

在电子游戏发展的早期，红白机等平台的游戏开发商时常会有意无意地在游戏中留下一些“后门”，使用特殊的方法激活后可以为玩家提供某些帮助。这些后门被玩家亲切地称作“秘籍”，掌握秘籍的多少是当年玩家水平高低的重要指标。后来包括电脑游戏在内的很多游戏都保留了这一传统，比如《星际争霸》系列中著名的“加钱秘籍”“无敌秘籍”等，当然这些秘籍在联网对战中都是无效的。

在电脑游戏刚兴起的时候，玩家发现只要对游戏存档或者电脑内存里的某些数据进行修改，就可以改变游戏内角色的状态，比如获得瞬间满级、无限金钱、不死之身之类的“神迹”，为此有人专门开发了用来修改电脑内存的软件，被称为“游戏修改器”，《金山游侠》、FPE 都是其中的佼佼者。

在单机游戏为主流的时代，无论玩家使用秘籍还是修改器都不会影响到其他人的游戏体验，所以并不会引起其他人的反感，反而成为一种流行的娱乐方式，受到大多数玩家的追捧，游戏修改器几乎成为当时所有电脑游戏玩家的必备工具。

然而到了网络游戏时代，这一切都变得不同了，试想如果一个玩家可以随便修改一下数据就变得天下无敌，那其他玩家付出的金钱和努力岂不就变得一文不值了？这些玩家要么退出游戏，要么也开始修改，然后整个游戏世界的秩序就会崩溃。在最早进入中国的网络游戏《精灵》中，玩家发现用《金山游侠》可以很容易地修改游戏中的数据，于是游戏里很快就充斥着身家百亿、千亿的土豪，各种神装像垃圾一样随地乱扔，没过多久这款游戏就不得不停服了事。

随后的游戏厂商吸取了《精灵》的教训，玩家的数据都存储在服务器端，修改本地电脑的内存再也无法修改游戏数据，游戏修改器失去了用武之地，不过总有人想要通过投机取巧的方式在游戏中获得优势，有需求就有市场，于是“外挂”应运而生。

简单来说，外挂是一个常驻内存的程序，通过修改网游客户端发送的数据包来欺骗服务器端，从而达到改变游戏规则的目的，帮助使用者获得超过其他玩家的优势。外挂的功能非常多，从基础的自动打怪练级、自动吃药、自动售卖垃圾，到高级的穿墙、不死、传送，再到逆天的一刀秒杀 Boss，可以说是种类齐全。只要是比较流行的网络游戏，都会受到外挂的骚扰，比如当年的《传奇》《奇迹》《石器时代》等，几乎只要进入游戏就能看到有人在喊话给外挂做广告。游戏厂商对于外挂深恶痛绝，会通过更新版本、封停账号等方式打击外挂，不过却是屡禁不绝，甚至愈演愈烈，逐渐成为依附在网络游戏上的毒瘤，严重影响了正常玩家的游戏体验，极大地缩短了网游的寿命，当年《石器时代》的关服停运可以说就是拜外挂所赐。

比起网络游戏，电子竞技游戏对于公平性更加看重，不过早期的电子竞技游戏大都是依托于局域网运行，玩家几乎是面对面地进行游戏，在比赛时更是使用主办方提供的电脑来进行游戏，基本上制止了使用外挂作弊的可能性，所以并没有受到外挂太大的影响。

随着网络性能的迅速提升，越来越多的电子竞技游戏从局域网转战到国际互联网，玩家需要面对的对手可能正坐在千里之外的地球背面，甚至连是人还是机器都无法判断。在这种情况下，肯定会有人想要通过不正当的手段为自己谋取优势，于是外挂开始在电竞游戏中大行其道。

FPS 类型的游戏是外挂的重灾区，《反恐精英》《穿越火线》《守望先锋》等游戏都饱受外挂的困扰，外挂会为使用者提供透视、穿墙、自动瞄准、减免后坐力等帮助，让他们可以轻易击败对手。

在《绝地求生》中，曾经有一段时间外挂简直到了丧心病狂的程度，严重影响了游戏的平衡性。除了上面提到的那些“基础”功能，还有的外挂可以把使用者的角色的手臂无限伸长，变成像《海贼王》中路飞一样的“橡皮人”，因此被玩家称为“路飞挂”，最疯狂的外挂甚至可以在游戏开始阶段炸掉搭载所有玩家的飞机，让使用者直接获得胜利。几个外挂使用者聚在一起的时候简直像是“神仙打架”，你来我往打得煞是好看，最终遭殃的却是普通的“凡人”玩家。经过游戏开发商蓝洞工作室一段时间的努力，封堵了游戏中的漏洞，还封了一大批使用外挂的账号。之后，《绝地求生》中猖獗的外挂“神仙”收敛了不少，但谁也不知道他们会不会卷土重来。

为了炫耀自己高超的技术从而吸引更多的观众，有些游戏主播会暗中使用外挂来玩游戏，但由于他们的游戏画面实时直播，普通的外挂很容易被观众发现，一旦被游戏公司查实，很可能会被封号，所以这些主播往往非常小心，会花大价钱订制“特别版”的外挂，从游戏画面上根本看不出有什么区别，却暗藏了自动瞄准、提高爆头率等功能，这就是为什么有些主播在直播时枪法如神、枪枪爆头，被邀请参加线下活动时却表现得如同菜鸟一样。

作为最受欢迎的电子竞技游戏之一，《英雄联盟》同样受到了外挂的困扰。相比 FPS 类游戏的外挂，《英雄联盟》的外挂更隐蔽，比如攻击对手的网络使其网络延迟甚至掉线，自动躲避对方的技能攻击，自动攻击残血单位等，这些功能在使用中很难发现，不过由于《英雄联盟》的开发商拳头公司和其在中国的代理腾讯公司对于外挂一直进行严厉的打击，一旦被发现就封号，所以《英雄联盟》中使用外挂的玩家并不算特别多。

手机游戏也并非净土，《王者荣耀》《和平精英》之类的手机电竞游戏同样有许多各种各样的外挂，而且由于手机权限的限制，手机游戏内部对于外挂的检测没有电脑游戏检测严格，所以很多使用外挂者都没有被发现。

现在的电子竞技游戏都有严格外挂检测机制，一旦被发现使用外挂，基本上都是封号处理，特别是在一些重要的线上比赛中更是如此。除了官方的反外挂平台之外，还有许多第三方的反外挂平台对线上比赛进行监控，以最大程度保证比赛的公平、公正。

另外，很多外挂中都会暗藏有盗号的木马病毒，所以就算是为了自己的账号安全，也请远离外挂。

很少有职业电竞选手会使用外挂，因为职业电竞赛事都是由主办方提供电脑，根本没有使用外挂的机会，而且职业选手出色的战略意识和操作在很大程度上抵消了外挂能够提供的优势。不过事无绝对，曾经还真有过一位印度的电竞选手在比赛时想要用U盘把外挂软件拷贝到电脑中，被当场抓了现行，不但被取消比赛资格、终身禁赛，还被整个电竞圈传为笑谈。

真正困扰职业电子竞技选手的，其实是和其他竞技项目同样的问题——兴奋剂，或者叫“违禁药物”。

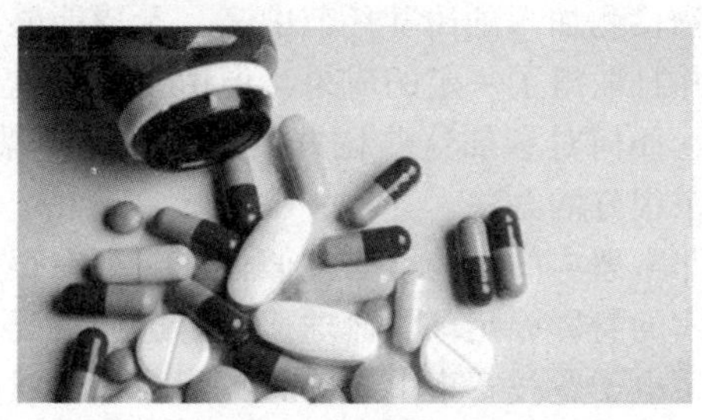

兴奋剂

几乎所有的传统竞技项目都会受到兴奋剂的困扰，这些药物可增强运动员的爆发力和耐力，但严重危害运动员身体健康。

电子竞技中同样存在药物滥用的问题，早在 2007 年，一家德国公司就曾经推出过一种名为“FPS-Brain”的“电竞专用”药物。这种药物的主要成分是“苯丙胺”，号称能让使用者的神经传导过程加速，从而使其反应更灵敏，精神更集中。然而早就有研究证明，苯丙胺及其衍生物都具有强烈的精神作用，其中的“甲基苯丙胺”就是臭名昭著的毒品——冰毒。

苯丙胺的确可以提高人类的警觉性、主动性，并且能够提高信心，降低疲劳，促进注意力集中，但也会引起严重的不良反应，短期服用会引起过度兴奋，伴随着不安、失眠、震颤、紧张和烦躁等症状，而且很容易出现耐药性，为了达到最初的效果必须不停地增大剂量，一旦停药就会出现严重的抑郁症状，长期大量服用则会引发类似偏执型精神分裂症的中毒性神经病。

除了苯丙胺，还有其他药物也会被某些电竞选手用来提升自己的成绩，比如用来治疗多动症的阿得拉和利他林，用来治疗睡眠障碍的莫达非尼等，这些药物都是精神类处方药，一旦滥用会对人体造成严重的伤害。

真的会有人愿意用一生的健康换取短暂的辉煌吗？有，而且这样的人可能还不在少数，毕竟巨额的奖金和巅峰的荣耀实在太过诱人，很容易让人迷失自我。

早期的电竞比赛并没有兴奋剂检测机制，所以我们无法知道有多少人是靠服用药物来提升成绩的。近几年，越来越多的大型电竞比赛将违禁药物检测加入到比赛环节中来，希望能够净化电子竞技的比赛环境，并且取得了一定的成果。但由于很多电子竞技比赛都是在线上举行，如何对参加这些比赛的选手进行违禁药物的检查，目前还没有一个很好的办法。

还有一个非常恶劣的行为就是虚假比赛。现在很多竞技比赛背后都有博彩集团的身影，足球、篮球比赛有这种情况，电子竞技也不例外。在大型电子竞技赛事上，博彩集团会根据对战双方的实力开出不同的赔率，有些居心不良的战队看到了其中的机会，通过种种手段投下重注，然后比赛时暗中操纵比赛。有很多结果离奇的比赛，其实背后都是这样的原因，只是很难被抓到证据罢了。不过博彩公司也不傻，一旦发现某支战队有操纵比赛的嫌疑，与其相关的所有比赛都会被取消。除此之外，博彩公司还会通过自己的途径进行调查。如果被证实操纵比赛，参与比赛的俱乐部和电竞选手就要付出高昂的代价，除了禁赛、除名之外，还可能会锒铛入狱。2015年韩国的Prime战队就因为在《星际争霸2》的比赛中操纵比赛，一名教练和一名选手被判入狱，战队的其他人也受到了不同程度的处罚。

除了以上这些可以称为“黑幕”的恶劣事件之外，电子竞技这一领域还有许多游走在灰色地带的存在，比如“代练”“代打”就是其中两个。有许多普通玩家为了能够快速提升其在游戏内的等级，会选择购买代练服务，这种行为不仅违反游戏规则，而且很容易被骗、被盗号，但对其他玩家的影响不大，所以也不算太恶劣，这种需求倒是让不少工作室赚得盆满钵满。有些主播暗中请职业或者半职业的玩家为自己“代打”，作为吸引观众的资本，这种行为就属于欺骗了。至于真正顶尖的那些职业选手或者民间大神级玩家，基本上不会出现代打这种行为，毕竟真正能打到这种水平的人，也就不需要通过替人代打来赚钱了。

作为一项万人瞩目的竞技赛事，电子竞技在经历了快速发展的阶段之后，难免会受到诸多负面因素的影响，除了外挂、兴奋剂、虚假比赛，将来也许还会遇到其他的负面因素，这些都是在成长中难免会遭遇的阵痛，也是电子竞技必须改进的地方。不要讳疾忌医，更不要因噎废食，电子竞技未来的路还很长。

28 问路在何方

◇ ……………

相比其他的竞技项目，年纪只有 20 多岁的电子竞技显然还“只是个孩子”，但是经过这些年的发展，这个孩子已经展现出了惊人的潜力，成为竞技领域不可忽视的存在。虽然电子竞技已经取得了很大的进步，但未来的路仍然漫长，还有许多问题需要解决。

电子游戏是电子竞技的根基所在，没有电子游戏就不会有电子竞技。近些年，电子游戏的发展一直非常迅速，在画面、音效、游戏性等方面都有极大的进步，从《星际争霸》《反恐精英》到《英雄联盟》《绝地求生》，再到手机上的《王者荣耀》《和平精英》，每一款优秀电竞游戏的出现都会掀起一场电子竞技发展热潮。

最初的电子竞技游戏基本上都是在电脑平台上运行，涌现出了许多优秀的电子竞技游戏，直到现在电脑仍然是电子竞技最重要的平台，随着手机性能的提升，手机上出现了许多优秀的电竞游戏，开始逐渐改变电子竞技的格局。由于手机本身能够提供的视、听体验有限，所以在未来相当长的一段时间里，电脑游戏仍然会在电子竞技领域占据相当大的份额。随着电子技术的发展，电脑游戏和手机游戏在将来很可能会实现彼此之间的融合，打通大屏幕和小屏幕之间的壁垒，出现跨越平台的电子游戏，这将为电子竞技的发展带来新的机遇。

然而电子游戏的迅速发展对电子竞技的发展也有一些负面的影响，因为竞技项目的规则需要相对稳定，才能让参赛的选手获得足够的训练时间，从而达到比较高的竞技水平。相比其他的竞技项目，电子竞技的比赛游戏项目更新换代实在太快了，热点的游戏类型也在不断变化，从最初的FPS、即时战略，到现在的MOBA、“大逃杀”，还有相对小众的格斗、赛车、卡牌等类型，一直在不断地创新变化着。这些游戏类型彼此之间的区别非常大，职业电竞选手想要实现在两个游戏类型之间的转换并不是一件容易的事情。与游戏类型相比，每一款游戏的“寿命”还要更短一些，大概只有10年左右，能够达到15年就已经是“长寿”了。

对于游戏厂商来说，电脑软、硬件技术的发展是不可阻挡的，所以游戏产品的更新换代也是不可避免的。如何保持某一类型游戏的热度，并在保证各方利益的情况下顺利完成游戏的迭代，对电子竞技的持续发展来说就显得非常重要了。

不过电子游戏的发展极为迅速，而且充满了意外，谁也无法保证某个游戏类型一直受玩家的喜爱，即使是称雄一时的王者也会在转瞬之间跌落神坛，谁也不知道什么时候会有更好的电竞游戏出现。

对于整个电子竞技产业来说，更新更好的电子竞技游戏出现肯定是利大于弊，只有在不断地进步中才能得到更好的发展。而对于职业电子竞技选手来说，同样只有不断地学习、不断地进步，才能在这个飞速发展的领域中占有自己的一席之地，故步自封只能被无情地淘汰。

另外一个在电子竞技发展中需要解决的问题是从业人员的数量不足。每一个行业想要持续发展，都需要足够的从业者作为支撑，电子竞技当然也不例外，而且对从业人员的素质也有很高的要求。

职业电竞选手对于天赋的要求非常高，虽然电子游戏玩家的群体十分庞大，电子竞技爱好者同样数量惊人，但其中有足够天赋成为职业电竞选手的只是极少数。即使天赋足够，还需要进行大量科学、系统而且艰苦的训练才能成为真正的职业电竞选手，很多人在训练中途就被淘汰了。另外，职业电竞选手的竞技生命非常短暂，这就意味着需要更多的新鲜血液加入，才能促进这一产业的健康发展。

现在很多电竞俱乐部都建立了自己的青年训练营，不断选拔优秀的新人进行培养，为主力战队提供源源不断的后备人员。除此之外，随着电子竞技的火爆，还出现了许多专门培养职业电竞选手的培训机构，不过其培训水平良莠不齐，有些甚至是专门骗人钱财的陷阱。如何建立完善、科学、高效的电竞选手培养机制，是所有电竞俱乐部和相关组织需要慎重考虑的事情。

完善电竞选手退役机制同样非常重要，电竞选手的职业生涯非常短，对身体的损耗却很大，退役时往往带着一身伤病。只有建立完善的退役机制，为选手们解决后顾之忧，才能让他们更安心地在赛场上征战。目前职业电竞选手退役后要么留在俱乐部做教练、陪练、经理之类的工作，要么在直播平台担任游戏主播或者解说，除此之外只能选择转行离开电子竞技这个圈子，对于这些为了电子竞技奉献了人生中最好时光的年轻人来说，实在是一件非常悲哀的事情。

在目前的电竞比赛中，男性选手占据了绝对的主导地位，如何将女性职业电竞选手纳入到电竞比赛中来，并在电子竞技产业中为男性和女性选手找到一个彼此都能接受的相处方式，共同推进电子竞技的发展，这个问题是所有关注电竞的人都需要思考的。

游戏主播是电子竞技产业的一个重要的组成部分，与职业电竞选手相比，成为游戏主播的门槛要低得多。虽然顶级主播年收入能达到千万级别，但绝大多数主播都没什么名气，收入也十分可怜，有些甚至连自己的温饱都难以保证。还有些主播会用不雅举动来吸引观众，这种行为不但违法，严重的甚至会让整个电子竞技产业为之“背锅”。如何培养、打造更多的顶级主播，如何让普通主播也能以此为生，如何对主播的行为进行规范，这都是需要解决的问题。

除了电竞选手和游戏主播之外，电子竞技想要产业化还需要许多其他专业人才的支持，比如俱乐部和战队运营人员、赛事策划及组织人员、活动宣传推广人员、视频拍摄制作人员，以及比赛裁判员、解说员等。这些人才都需要有相应的培养、选拔机制。国内很多高校和职业院校都建立了电子竞技相关的专业，用来培养相关的职业人才，不过这些“科班出身”的毕业生能不能适应电子竞技产业的发展，还需要经过市场的检验才知道。

经过这些年的发展，电子竞技已经初步形成了一条贯通游戏厂商、职业玩家、电竞战队、电竞粉丝和普通玩家的产业链，不过这条产业链还远称不上成熟，在某些环节还非常脆弱。包括 WCG 在内的大型综合性国际电竞比赛曾经辉煌一时，WCG 世界冠军甚至成为电子竞技领域至高的荣耀，但如此规模的电竞盛事，却因为赞助商的退出而不得不黯然谢幕，可见其商业运营模式和盈利能力都存在诸多问题，基本上是在“赔本赚吆喝”，事实上，现在仍在举办的大型电子竞技比赛仍然没有一个清晰而稳定的盈利模式，一旦失去了主要赞助商的支持就会无以为继，而在没有盈利的情况下，这些主要赞助商对于电子竞技的热情能够坚持多久本身就是个未知数。另外，这些大型综合性电竞赛事的比赛项目并不稳定，经常会由于赞助商、版权等因素发生改变，使得参赛选手受到很大的影响。

电子竞技

想要让电子竞技成为同足球、篮球一样的世界性竞技项目，打造一个具有权威性和公信力的世界性电子竞技大赛是很重要的，不过由于牵扯到游戏厂商、电竞俱乐部、职业电竞选手、直播平台等多方面，如何进行统筹规划，平衡各方面的利益，是一件非常让人头疼的事情。现在国内包括阿里巴巴、腾讯、网易等有实力的公司都在着手进行这方面的尝试，并取得了一定的成果，至于将来发展如何，就让我们拭目以待。

另外一条路就是将电子竞技纳入到传统竞技赛事中，电子竞技在 2018 年雅加达亚运会上被列为表演项目，这对于电子竞技来说是个历史性的突破。现在有很多组织和个人都在努力推动电子竞技进入奥运会，如果能够实现，必然会是对电子竞技发展的极大推动。

与大型综合性国际电竞比赛相比，单一游戏电竞比赛的发展要顺利得多，这些赛事大都是由游戏厂商来主导和组织，比如《英雄联盟》的 LPL 联赛、DOTA 2 的 TI 联赛等，由于有游戏厂商的资金支持，并且开发出了“众筹奖金”的新模式，使得这些比赛的奖金达到了惊人的数额，参赛选手的水平也随之水涨船高，已经成为世界上竞技水平最高的电竞盛会。这种运作模式已经被证明是非常成功的，实现了游戏厂商、职业电竞选手、普通玩家的共赢，可以想见将来随着新的电子竞技游戏出现，还会出现更多此类的电竞大赛。

电竞俱乐部和战队是电子竞技的重要组成部分，目前电竞俱乐部的商业化已经非常成熟，不过除了几个最知名的大型电竞俱乐部，中小型电竞俱乐部的盈利模式仍然是以赞助商的投入为主，对于主赞助商的依赖非常严重，经常会出现主赞助商撤资而导致俱乐部被迫解散的事情。因此让中小型电竞俱乐部能够获得更好地发展，开拓更多的盈利模式，对于电子竞技在未来的发展就显得非常重要。

直播平台是电竞俱乐部收入的重要来源之一，为电子竞技的发展提供了强大的动力，不过直播平台自身的盈利模式仍未清晰，几乎所有的直播平台都处于亏损状态，全靠投资人进行持续“输血”

才能生存下去，若投资人因为种种原因退出后，其投资的直播平台立刻就会难以为继，比如“熊猫直播”关站。目前直播平台除了寻求更具实力的投资人“背靠大树好乘凉”之外，还在积极地拓展新业务，开发新的盈利途径，并且取得了不错的成果，如虎牙直播已经实现了盈利。

电子竞技的发展离不开大众的支持，电子竞技在国内迅速发展，已经树立了一种积极正面的形象。当年的“游戏少年”已成家立业，开始掌握社会的话语权，电子竞技在整个社会的接受度不断提升，被越来越多的人认同和追捧，成为一种积极向上的生活方式。

无论是喜欢竞技游戏本身的电竞爱好者，还是追逐电竞明星的电竞粉丝，都是电子竞技发展的基础，都为电子竞技的发展做出了自己的贡献，所以没有高低之分，彼此之间在理念上有些摩擦也是很正常的事情，有些争执和摩擦反而更有利于双方的了解和融合。粉丝的支持对于电竞选手来说是最好的鼓励，也是前进动力，不过在有些时候也会成为负担和包袱，如何运用好粉丝的力量，同时避免反噬是电竞选手在职业生涯中需要注意的问题，俱乐部也要进行正确的引导。

电竞选手

随着电子竞技的产业规模越来越大，伴随在其周围的黑色产业、灰色产业同时发展起来，外挂、兴奋剂、虚假比赛等已经成为隐藏在电子竞技体内的毒瘤，如果不能解决这些问题，势必会对电子竞技后续的发展造成不利影响。

未来捉摸不定，电子竞技的发展如何谁也无法预料，也许会一帆风顺，不过更可能会遭遇重重挫折，但我们应该相信这一新生事物强大的生命力，相信电子竞技所代表的拼搏、奋斗精神，对于许多关注电子竞技的人来说，电子竞技已经成为一种信仰，成为指引人生前进的路标。